Razzi Umani

Vitto Pascale

Razzi Umani

Non sei etero. Né cis-gender.

Muori. Che fine farai?

Introduzione

In Razzi Umani, Vitto Pascale ci accompagna in un viaggio unico e provocatorio, dove l'esplorazione dell'identità umana si spoglia di etichette e convenzioni. Attraverso il racconto di Vì, persona Non Binary, posta in dialogo con un enigmatico interlocutore di nome Levansi, ogni persona è invitata a intraprendere un cammino tra dubbi, ironia e riflessioni esistenziali.

Tra dimensioni sospese e conversazioni profonde, emerge la bellezza di una persona che si muove fuori dai rigidi schemi del maschile e del femminile, in una ricerca costante di verità, armonia e giustizia.

Questo dialogo intimo, intriso di sarcasmo e pungente verità, tocca temi come la libertà di espressione, l'accettazione, e le sfide dell'amore, andando oltre le barriere imposte dalla società.

Vitto narra con una voce che non fa sconti, che sa essere tagliente e dissacrante, ma che regala anche momenti di empatia e riflessione, portando a interrogarsi su cosa significhi vivere in un mondo che spesso respinge ciò che non comprende.

Razzi Umani è un invito a guardare oltre l'apparenza, a scoprire l'essenza di un'identità libera da definizioni. È un viaggio per chi ha il coraggio di esplorare il proprio essere, per chi non teme di sfidare i limiti e di abbracciare la complessità dell'umano.

Nota: Questo romanzo non è un'autobiografia di Vitto Pascale.

Alcuni eventi sono ispirati a fatti reali, mentre altri sono frutto di creazione artistica. Attraverso la persona protagonista l'opera esplora temi di identità, accettazione e libertà, combinando realtà e immaginazione in un racconto unico.

A chi, in un modo o nell'altro, è stato un Razzo Umano nella mia vita, capace di accendersi nei momenti di oscurità e lanciarmi oltre i confini delle mie certezze.
A chi, inconsapevolmente, ha contribuito a dare una direzione a questo viaggio scomodo e sorprendente, fatto di identità e di scoperte, di lacrime e risate.

Ringraziamenti

Se dicessimo "GRAZIE" più spesso, probabilmente vivremmo in un mondo migliore. Quindi, grazie.

Grazie a chi ha avuto la pazienza di ascoltarmi, anche nei momenti in cui ero insopportabile o elucubravo su come andare avanti con questo libro.

In rigoroso ordine alfabetico, grazie a: Cosimo, Jo Fenz (grazie anche per la foto sulla quarta di copertina), Kaput, Loris, Roberto Judge, Rudy, Sara, la mia insegnante di filosofia indiana, My Events e, ovviamente, tutti i Razzi Umani che hanno contribuito a dare la giusta dose di carburante a questo libro.

Un grazie speciale ai miei dubbi e alle mie crisi, compagni

di viaggio e maestri involontari, che hanno trasformato i momenti difficili in preziose occasioni di riflessione. Senza di loro, questo libro non sarebbe mai nato e io sarei ancora nella mia zona di comfort.

MORTE

C'è sempre un antefatto per cominciare qualsiasi storia.

La mia ha avuto inizio con me su un marciapiede: a terra, non per qualche bicchiere di troppo, ma perché ero semplicemente senza vita.

Ecco come il dialogo con il mio strano interlocutore ha preso il via.

Ero lì, in piedi davanti al mio corpo, che non chiamerò cadavere per comodità, esanime ed immobile.

Riflettevo spesso sulla morte. Ogni volta, il pensiero mi suscitava un vuoto nello stomaco. Mi chiedevo se fosse solo uno spegnersi improvviso, o se la coscienza continuasse, in qualche modo, oltre.

Mi domandavo anche il perché della dannata immensità dell'Universo:

"Come mai è così vasto e possiamo vederne così poco da qui? Perché c'è tutto questo spazio?"

Mi rincuorava pensare che, magari, una volta liberate dal corpo, le anime potessero reincarnarsi in altri angoli remoti ad anni luce dalla terra; oppure che inferno, paradiso e purgatorio si trovassero in una di quelle galassie dove per arrivarci, la luce, ci mette "solo" due o tre milioni di anni, se non di più.

Tutto sommato pensavo alla morte tranquillamente: le riflessioni sulla fine della vita che avevo fatto riaffioravano man mano. Avevo meditato su cosa significasse morire, su cosa rimanesse dopo la dipartita e su quale fosse il vero peso dell'ultimo respiro.

In vita, non parlavo della morte. Era un pensiero intimo, un argomento da cui rifuggivo nelle conversazioni ordinarie. La morte era un tema scomodo, un'ombra che si nascondeva dai raggi delle luci della socialità. Non era certo il classico argomento da bar o da venerdì sera, dopo una lunga settimana di lavoro. Eppure, c'era sempre qualche anima stressata che, anche fuori dall'orario d'ufficio, si lanciava in monologhi infiniti sulle dinamiche del proprio lavoro. Attenzione, però! Interrompere quel flusso di parole era fuori discussione, a meno che non fossero stati avvistati i quattro cavalieri dell'Apocalisse a girare un contenuto per TikTok.

Avevo quindi custodito le mie riflessioni come un segreto personale, intimo, in un mondo in cui l'intimità è messa a dura prova dal mostrare troppo in modo prepotente.

Provavo una calma inaspettata, un distacco che, in quel contesto, sembrava quasi fuori luogo.

Era un momento che sarebbe potuto sembrare stereotipato, un déjà vu evocato dai cliché delle storie sulla morte. Tuttavia, al contrario del protagonista disperato di "Ghost", non provavo un'urgenza di abbracciare la mia esistenza passata. Forse perché non avevo una persona speciale da amare e proteggere?

In quel momento, di fronte al mio corpo, mi stavo liberando da un peso che avevo portato per tutta la vita. La morte, in tutta la sua banalità apparente, mi offriva un'opportunità di comprensione e accettazione che l'esistenza fisica, con la sua complessità, non mi aveva mai permesso di raggiungere. Serviva solo liberarsi del corpo? Quell'elemento che consideriamo un tempio e a cui diamo un'enorme importanza?

Continuavo a prender atto di ciò che era accaduto.

Modus operandi che, molto spesso, veniva scambiato per rassegnazione: anche da chi affermava di provare affetto per me o, ancora peggio, di *conoscermi bene*, frase che trovo alquanto arrogante.

Non sapevo neanch'io com'ero e c'era gente, magari più intelligente di me, che aveva capito tutto. Quelle persone non facevano più parte della mia vita, fortunatamente.

Negli ultimi mesi avevo dissolto, ovviamente non nell'acido ma nel silenzio, gente che non si allineava più con me e non perché io vivevo nella luce e nella giustizia e loro erano tutte persone orribili.

Mi chiedevo se valesse davvero la pena chiarire tutto, come se ogni relazione necessitasse di spiegazioni continue.

La risposta era spesso un *NO*.

"Bisogna sempre chiarire!"

È una di quelle "verità" che sembrano uscite dai quadri cheap del reparto "cessi di classe" di un outlet, dove tutto è perennemente in liquidazione, più che da una riflessione davvero utile o universale.

Questi maledetti imperativi...*bisogna sempre*...senza considerare che esistono anche altre opzioni: ad esempio, non tutte le battaglie valgono la pena di esser combattute.

Con queste persone, le battaglie, non mi interessavano.

Continuavo ad esser lì davanti al mio corpo e osservare la gente che, seppur impaurita, si avvicinava.

Ciò che respingiamo o ripudiamo è in realtà ciò che, alcune volte, ci attira. La morte, un cadavere, l'immobilità data dall'assenza di vita.

Fanno paura ma ci avviciniamo, attratte come falene su una lampada d'estate: sfarfalliamo all'impazzata là vicino per volerne comprendere di più o prender dimestichezza. Tuttavia, oltre a rovinarci la giornata, vedendo un cadavere, capiamo sempre meno della morte senza considerare il fatto che è parte integrante della vita: iniziare a respirare è anche l'inizio della nostra inesorabile condanna a morte.

Non vorrei rovinare la giornata a te che mi stai leggendo ma prima facciamo pace con il concetto *"la morte è parte della vita come l'acne dell'adolescenza"*, prima potremmo guadagnare un granello di serenità in più.

La morte è un concetto che, seppur faccia parte di noi, non riusciamo a comprendere appieno: è come avere due gambe e non voler comprendere che servono per camminare; alcune persone asseriscono che ne hanno compreso il senso con esperienze al di là della normale percezione: personalmente non ho mai provato roba mistica con suffumigi di magiche droghe per avere accesso a contesti extra-sensoriali.

La mia esperienza sottile si fermava alla pratica dello Yoga e della Meditazione ma, vedendo ciò che stava accadendo, evidentemente non avevo intuito una benamata fava.

"Non so se questo ombretto mi sbatte l'incarnato…e poi vedi questa matita che me l'avevano spacciata
per waterproof a prova di tutto. Evidentemente non a prova di morte."
Pensavo, vedendomi sulla strada e alzando il sopracciglio destro come mio solito.

"Mamma che posizione di merda per morire…ma…un momento…come ho fatto questa fine?"

"Attacco cardiaco!"

Sapevo per qualche strano motivo perché la mia anima era scivolata via dal corpo.

"Cazzo…dovevo smettere di fumare…santa forza di volontà!!!".

Ritengo essere una persona con molta forza di volontà riversata in molte cose; ma non nella scelta di smettere di fumare. Usavo la volontà per portare avanti le meravigliose attività che svolgevo oltre il mio lavoro: le mie lezioni di yoga, quelle di filosofia indiana, i miei progetti social di attivismo, il volontariato, ecc. ecc.

Vivevo in uno stato di appagamento profondo, dove ogni attività che svolgevo diventava un atto d'amore verso di me e il mondo che mi circondava. Anche quella mattina avevo aperto gli occhi con una calma radicata, sapendo che la mia giornata sarebbe stata piena di momenti che mi avrebbero portato gioia e soddisfazione. Lasciamo stare poi che questa giornata ha avuto un risvolto nefasto.

Facevo così tanto l'amore, non con il sapore, ma con cosa facevo che il sesso occasionale, che un tempo poteva sembrare una scorciatoia per il piacere, mi appariva come un surrogato sbiadito, un'esperienza che non poteva competere con la pienezza che già provavo.

I contatti fugaci attraverso le dating APP, che una volta potevano accendere una scintilla di curiosità o desiderio, ultimamente mi apparivano come distrazioni vuote, prive di sostanza.

Accedeva, quando incontravo qualche persona, che invece di provare rilassamento o appagamento, di sentirmi in trappola in una performance che aveva poco a che fare con l'intimità e molto con la rappresentazione di un copione scadente, dove l'altra persona sembrava muoversi come in un film porno di bassa lega, privo di qualsiasi genere di connessione. Ma pieno di cliché.

Conclusione? No, non era sfiga o destino.

Mi venivano sempre in mente le parole di Jung che diceva che *quando l'inconscio muove la nostra vita noi lo chiamiamo destino.*

Quindi c'erano sicuramente delle *"inconscio issues"* nella mia vita, cose da rivedere o di cui prender consapevolezza. O che, ormai, avrei dovuto fare per comprender meglio il mio contesto sessuale fino a quel giorno.

Sapevo, tuttavia, che buona parte del problema era riconducibile ai i miei *Razzi Umani.*

Nel mio vocabolario personale i *Razzi Umani* erano i casi umani, tutte quelle persone che apportano solo peggioramenti nella vita.

Ogni tanto sognavo di chiedere all'Accademia della Crusca l'inserimento di questo slang dopo l'agghiacciante aggiunta di *"petaloso".*

Oltre a provare un imbarazzante stupore nel pensare al perché non scopavo e a come apparivo in quel momento, neanche potessi abbordare lo staff ospedaliero che avrebbe preso il mio corpo per sbatterlo in un sacco di PVC portato, successivamente, in un frigo come merce di PICARD, si aggiunse anche l'ansia di poter sentire la voce, e che voce, di una persona che si stava rivolgendo a me.

Una profonda, calma e rassicurante voce; una voce alla quale avrei potuto raccontare tutto: sia per il fatto, palese, di non appartenere più al piano fisico-materiale, dopotutto a chi avrebbe dovuto spifferare i miei segreti più intimi, che per la sonorità che possedeva.

Impazzivo per due cose nelle persone (anzi, più di due ma mi limiterò a rispettare il numero enunciato): la voce e il naso.

LEVANSI | L'INTERLOCUTORE

Mi girai per capire da dove arrivasse quella voce profonda ma riuscivo solo a scorgere persone che ancora si radunavano vicino al mio cadavere, neanche regalassi gli anni non vissuti della mia vita. E poi avevo dieci euro nel portafogli: derubarmi non sarebbe stato così redditizio come saccheggiare una tomba di un faraone d'Egitto!

Ridacchiando nervosamente per l'ironia dello spettacolo del mio corpo visto come un fenomeno da baraccone continuavo a scrutare con lo sguardo ciò che mi circondava finché mi fermai su un losco figuro vestito con un jeans, una maglia nera e delle sneakers Adidas ai piedi.

"Porca troia, ora pure nell'altro mondo c'è Adidas? Mi aspettavo almeno un no- brand, qualcosa di mai visto, un ultraterreno brand…".

«Sai, fai dell'altro mondo un posto molto più alternativo di quanto si pensi normalmente.»

La voce proveniva chiaramente dalle labbra che si trovavano sul volto di quella persona. Piegai leggermente la testa a destra e alzai un sopracciglio.

«Tu? Tu mi senti e io ti sento?»
«E cosa ti aspettavi…» mi rispose con tono sprezzante.

«Che non avresti mai più interloquito?»

Dopo una breve pausa continuò «io sono Levansi. Piacere: puoi usare con me pronomi maschili.»

Dopo lo stupore di aver sentito, anche, i suoi pronomi risposi:

«Piacere mio. O meglio, non so se sia un piacere perché chissà cosa farai alla mia povera anima. Per ora. Ciao.»

Nel cercare di gestire l'imbarazzo, evitai di menzionare i miei pronomi, ma capii che il mio interlocutore già sapeva come rivolgersi a me.

Senza dar peso alla mia battutaccia Levansi aggiunse: «Magari hai bisogno di stare qui ancora per un po' per cercare di capire cosa è successo. Prenditi il tuo tempo, ti aspetto.»

La mia attenzione fu rapidamente catturata da questo misterioso interlocutore. Il mio corpo, dopotutto, lo conoscevo: cosa dovevo ancora vedere?

Anziché guardarmi, a terra, scrutavo Levansi: capelli neri spettinati, una barba nera che accentuava i lineamenti del viso e occhi verde scuro e profondi che sembravano contenere un universo di segreti. L'affascinante interlocutore emanava un'aura magnetica.

La sua pelle olivastra rifletteva la luce creando un contrasto affascinante con la scena circostante.

La mia attenzione era completamente andata.

Il fisico robusto di Levansi evocava un fascino naturale, lontano dagli stereotipi della bellezza convenzionale. Una riflessione che nasceva dalla consapevolezza di quanto la società spesso imponga degli standard rigidi su come un corpo debba apparire.

Ah…gli uomini e i loro muscoli.

Molte volte capitava, sui social media specialmente, di

trovare corpi che venivano adattati e plasmati non in base al proprio desiderio ma in base a cosa ci si aspetta da un uomo.

Conobbi un paio di anni fa I.

Il povero I. si guardava allo specchio con un'espressione di profonda insoddisfazione perché la società e i social imponevano uno standard di bellezza maschile improntato alla muscolatura scolpita ma lui, povera stella, si sentiva prigioniero di quel cliché, nella completa inconsapevolezza e ignoranza di chi spingeva quegli ideali con forza. O sponsorizzando qualcosa che, guarda caso, riguardava il miglioramento del corpo.

"Io?" penserà l'influencer o il super seguito di turno *"io non c'entro nulla"*.

Le sue mani toccavano in continuazione e con malinconia quegli addominali poco definiti, mentre i reel sussurravano che doveva aspirare a essere più grande, più forte.

I. desiderava essere libero dalla morsa di quell'ideale, desiderava essere accettato per ciò che era, senza dover per forza aderire a un concetto preconfezionato di virilità.

La sua insoddisfazione era rivolta non solo al proprio riflesso, ma anche alla società che lo costringeva a confrontarsi con uno standard irrealistico, impedendogli di abbracciare la sua vera essenza. Chissà se I. ci è riuscito. Si trasferì in una città all'estero e ogni tanto pensavo a lui e alla sua avventura nella jungla della sezione *"ESPLORA"* di Instagram.

Iniziai ad avvicinarmi e sembrava si alzasse. Levansi. Ovviamente.

Quando fui davanti a lui, faccia a faccia, notai che era dieci centimetri più alto di me.

Poteva andarmi peggio come prima entità da vedere in uno status post mortem.

«Hai finito Vì?» si rivolse a me con tono gentile.

Naturalmente sapeva il mio nome.

«Sì, direi che non c'è molto da fare in questo momento. Ovvio, tranne se non puoi re-inserirmi nel mio corpo.»

«No, non posso» rispose immediatamente con la sua voce sicura ma rassicurante.

«Vabbè. Dai. Una persona ci prova dopotutto!

Immagino tu abbia in mano il boccino della situazione e, quindi, dove si va?»

«Me lo domandi come se dovessimo uscire a far baldoria in un bar, in una discoteca o dovessimo andare a un evento.»

«Perché non è così?»

«Non ti sorprende che io conosca il tuo nome?»

«È una situazione extra-ordinaria» risposi immediatamente con un tono fastidioso da *persona so tutto io* che ogni tanto mi veniva fuori. «Sono già successe cose alquanto bislacche: che tu sappia il mio nome mi sembra il minimo.»

«Te lo chiedo nuovamente Vì, andiamo?»

«Sì, direi di sì.»

«Lo sai che il condizionale è il tempo delle possibilità, vero?»

«Lo sai che mi piace il fatto che tu sappia come si usa il

condizionale, vero?»

Oddio, gli stavo facendo il verso.

«E tu lo sai che non si risponde a una domanda con un'altra domanda?»

Mi stava facendo il verso?

«Giusto!» dissi e continuai: «Allora. Indicativo presente, prima persona singolare: io ti dico sì, andiamo...» Alzai gli occhi al cielo e aggiunsi in tono dubbioso: «Anche se...beh...ecco...non so dove e come.»

«Non preoccuparti» mi disse «mi bastava solo la tua risposta. Per il resto, seguimi.»

LA CASA DI LEVANSI

Seguivo Levansi in religioso silenzio.

Dapprima ero dietro di lui (non avevo potuto fare a meno di vedere le sue spalle, grandi, nonostante il colore nero della t-shirt) per poi passargli di fianco.

Aveva rallentato di proposito la sua andatura tranquilla per permettermi di camminare al suo fianco.

Rimanemmo in silenzio per tutta la durata della passeggiata, se così si può chiamare.

Ci trovavamo in una via trafficata della città nella quale abitavo.

Passeggiavamo sul marciapiede passando di fianco alla strada con le auto ferme nella corsia, probabilmente a causa del mio corpo steso nel bel mezzo delle strisce pedonali.

Ohi…ohi…chissà quante bestemmie stavo vincendo in quel frangente di tempo: avrei bestemmiato anche io.

Quando capitava che la metro si fermasse per un tentato suicidio o un suicidio, o perché la gente pensava bene di farsi una passeggiata nei tunnel sotterranei, pensavo spesso:

"Ma…non poteva scegliere un posto migliore? Più tranquillo…più onirico…se aveva deciso di sua sponte di metter fine alla sua vita che almeno non rompa alle altre persone!".

Lo so, era un pensiero orribile.

Tutto sembrava diverso. Non saprei dire in cosa.

Scrutavo con attenzione i volti delle persone che ci camminavano vicine per riconoscere una faccia amica; probabilmente, sprecare la mia attenzione per riconoscere qualcuno, sarebbe stato pressoché inutile dato che, sicuramente, non avrebbero né visto né sentito nulla di me o della mia anima: ammesso e non concesso fossi un'anima.

Comprendere la durata di quella camminata era arduo perché della coppia spazio/tempo era rimasto solo lo spazio nel quale ci muovevamo.

Giungemmo, infine, a un incrocio. Svoltando a sinistra avremmo trovato la via nella quale abitavo; un grazioso viale pedonale, sul quale sorgevano case di ringhiera di fine '800, che costeggiava un fiumiciattolo la cui chiusa era stata firmata da Leonardo Da Vinci. Grande Leo!

Quando capii che Levansi aveva intenzione di svoltare l'angolo non mi trattenni:

«Abbiamo intenzione di fare una festa a casa mia?»

Mi sorrise dolcemente e rispose «Chissà.»

Chissà? Ma pensa…mi stai prendendo per il culo?

«No, non ti sto prendendo per il culo.»
Con ennesimo grande stupore appurai che il mio accompagnatore aveva la capacità di leggere i miei pensieri discorsivi e, con molta probabilità, anche quelli figurativi, che erano il mio forte. Rimasi ancora in silenzio, anche mentale, e seguii Levansi fino alla svolta che dava sul viale di casa.

«Andiamo?» mi domandò ancora.
«Considerando che ho già abbandonato il piano fisico

vorrei fare un viaggio come in Stargate: hai presente quello con tutte le lucette e corridoi spaziali? Altrimenti potrei rimanerci male!»

Un leggero sorriso si dipinse sul volto di Levansi.

Svoltammo a sinistra e, semplicemente, invece della via di casa o dei tunnel spazio/dimensionali, *mi ritrovai per una selva di cui la diritta via…no, macché!*

Vidi davanti a me un viale alberato popolato da salici piangenti. Non era affatto la via che percorrevo di solito.

I rami dei salici, rivolti verso il basso, fluttuavano dolcemente producendo il classico suono delle foglie che sfregano tra loro sprigionando un profumo che impregnava di serenità quel momento.

Il viale dei salici terminava davanti a una casa che si erigeva su una leggera collina.

Appena oltre il vialetto c'era un porticato di legno, robusto e accogliente, che sembrava avesse molte storie da raccontare. Le colonne di legno erano segnate dal tempo, ma ancora in piedi con fierezza, testimoni silenziosi di innumerevoli tramonti osservati.

Le pareti della casa erano un mosaico di finestre, un'ode alla trasparenza e alla connessione con il mondo esterno. Ogni vetrata era una cornice perfetta per il panorama marino che si dipanava davanti ai miei occhi.

Il mare si stagliava come un dipinto vivente con le onde che danzavano in armonia e il sole che dipingeva sfumature dorate sulla superficie azzurra.

Quella visione mi regalava la stessa pace dei boschi degli Ashram che frequentavo quando avevo un corpo che gironzolava sulla Terra.

«Ok, questo fa tanto Grey's Anatomy. Hai presente quando lei si ammala di COVID, ed è sulla spiaggia a incontrare persone precedentemente schiattate durante le ottocento serie?»

Nel momento in cui gli feci questa domanda pensai di aver detto una cagata alla quale non ci sarebbe mai stata una risposta.

«Sei fan della serie, ti sarà dispiaciuto non aver visto come va a finire.»

«Con tutto il tempo che ci stavano mettendo, finire quella serie avrebbe richiesto più di una vita!
Ho la netta sensazione però…» aggiunsi, riprendendo un tono vagamente serio, «che qui potrei avere la possibilità di scoprire cose molto più interessanti e intriganti.
Insomma, guardami.
Non ho più un corpo e sono in questa…come definirla…strana dimensione?»

«Chissà.»

Un altro chissà. L'uomo dei chissà.

Non avevo la minima percezione della temperatura, non sentivo né caldo né freddo: non avere un corpo poteva avere i suoi vantaggi.

Ci incamminammo lungo il viale dei salici: il leggero vento continuava a muovere i rami che, con mio grande stupore, potevo toccare e odorare.
Prestavo attenzione a non sfregare troppo i polpastrelli contro le foglie per sentirne l'odore.

La sensazione di appiccicaticcio che lasciava sulle mani mi dava un seccante fastidio. Ogni persona ha le sue piccole e grandi noie.

Entrammo nel porticato di legno, in un silenzio ovattato. Le vetrate lasciavano filtrare una luce morbida, mentre il profumo di resina e salsedine avvolgeva l'aria.
I nostri passi facevano scricchiolare dolcemente il legno donando una melodia mai rovinata dallo stridere o troppo leggero o troppo forte delle assi di legno.

Potevo scorgere l'interno: pavimento in pietra opaca, simile al marmo, due poltrone, un braciere con carboni ardenti posto al di sopra di un tappeto di iuta. E stop.

Al di là si vedeva il mare che, guardando meglio, possedeva sette sfumature di azzurro. Era uno spettacolo magnifico che Levansi aveva capito aver rapito completamente la mia attenzione.

«Spostiamoci dall'altra parte del porticato, verso il mare.»
Mi esortò in tono gentile. Ovviamente era naturale che non avessi, *"magicamente"*, le scarpe.
Mentre camminavo toccavo quelle colonne di legno che sembravano vibrare al passaggio delle mie dita.

«Ah!» esclamai «sei un supporter dello stare a piedi nudi come me?»
Glielo chiesi perché anche lui non indossava le sue sneakers, tolte in un arco temporale non ben definito.

«Prego, siediti pure.»
Levansi non mi rispose ma mi indicò due poltroncine invitanti sulle quali ci sedemmo di lì a poco.

Il sole stava scomparendo su una linea simile all'orizzonte.

In quel luogo tutto poteva sembrare o ciò che stavo pensando oppure esattamente l'opposto.

Il mare stava cambiando gradualmente le sue tonalità da azzurro a rosse/ arancioni.

Sentii sul viso il calore di quei raggi.

Volevo godermi quel momento che sembrava non finire più.

Non volli aggiungere altro. Levansi, intanto, si era seduto di fianco sull'altra poltroncina.

La sua postura era composta ed elegante.

«Un momento…» Il mio *non volevo dire altro* si esaurì in una manciata di secondi.

«Ma dalle tue parti il tramonto dura sei mesi come il buio in Finlandia?»

«No», ribatté «Qui tutto dura il tempo necessario.»

«Ovviamente…»

Anche se non era ovvio un cazzo, chiesi a Levansi: «Posso godermi il tramonto ancora un altro po'?»

«Certo. Prenditi tutto il tempo necessario.»

«Il tempo mi sembra l'ultimo dei problemi» dissi in tono sarcastico.

«Sapevo che non sarebbe stato un problema per te il tempo. Almeno qui. Laggiù avevi l'ansia di fare tutto in tempo e non godevi del tempo.»

Rimasi in silenzio, aveva perfettamente ragione. Mi girai verso il panorama, perdendomi in quel tramonto e nei pensieri che, piano piano, si appoggiavano su cosa avevo lasciato in sospeso. Le persone care rimaste lì, e tutte quelle cose così urgenti che, d'improvviso, non erano più tali.

L'impermanenza delle cose, delle persone, delle situazioni, della propria identità, della vita. Una parola semplice che sfida il concetto di permanenza, un insegnamento difficile da digerire e ancor più complicato da metabolizzare. Nessuno ha voce in capitolo sulla propria nascita e morte. Possiamo, come nel mio caso, accelerare il processo, ma nulla al mondo potrà mai darti una data di scadenza. È come se la vita stessa, con il suo senso dell'umorismo beffardo, ci tenesse all'oscuro su quanto a lungo avremo il privilegio di respirare questo strano e meraviglioso gas chiamato ossigeno.

Levansi mi lasciò con la mia cornucopia di pensieri, nati dal ricordo di una parola semplice ma dannatamente appropriata.

Sono le parole semplici a nascondere risvolti complessi o significativi, come se il linguaggio fosse un labirinto sottile che esploriamo per vincere un minotauro che ci insegue.

Sono le parole semplici che diventano sfide nella vita di tutti i giorni.
"Amati", "Lascia andare", "Vivi il momento".

Sulla carta è tutto semplice, ma mettere in pratica queste regole di vita è un'altra storia – un po' come le promesse di matrimonio: suonano bene all'inizio, forse per un bel reel da mettere sui social, ma poi si rivelano un campo minato.
Io, amore eterno? Ma neanche per sogno! Al massimo, potrei promettere una fornitura giornaliera di impegno e dedizione…

Le parole semplici, come uno slogan rassicurante o il consiglio di un guru spirituale, possono mandare tutto a puttane nel momento del passaggio tra vita e morte. Magari ci aspettiamo una risposta definitiva, un segreto universale, e invece otteniamo un enigma avvolto in un mistero cosmico.

Infine, ci sono quelle frasi semplici, come *"porgi l'altra guancia"*, che hanno portato persino Cristo sulla croce.

Forse il Divino apprezza una buona dose di black humor.

TRAMONTO

Mentre il mio girovagare mentale giungeva al termine, sentii con estrema chiarezza gli occhi verdi di Levansi posarsi sul mio viso. O, forse, sulle mie orecchie, poco più su della linea degli occhi. Da quando mi avevano fatto notare che i miei padiglioni auricolari erano più in alto della linea degli occhi, non rispettando i canoni di bellezza classica, sospettavo che le persone guardassero quel dettaglio o la stanghetta degli occhiali storta, anziché il mio viso.

«Sì?» gli domandai.

«Ti piacciono gli uomini?»

«Domanda scontata…» presi una pausa, vedendo il suo sguardo fisso.

«Sì, provo attrazione romantica e sessuale per gli uomini o chi si definisce come tale.»

«Non hai mai avuto paura di questa scelta?»
Risposi subito: «Avrei paura se avessi la sensazione di aver fatto qualcosa di sbagliato o di male.»

Una profonda perplessità si impadronì di me.
Perché me lo aveva chiesto? Era rilevante? Dove voleva

arrivare? Stavamo lì, sul portico, davanti a quel tramonto infinito, a parlare di questo?

Non osavo chiedere nulla a Levansi perché sapevo che mi avrebbe risposto che non si risponde a una domanda con un'altra…o probabilmente con un *chissà* dei suoi.

Decisi quindi di continuare: non avevo altro da perdere…o da fare.

«Posso dirti una cosa, Levansi?»

«Certamente. Lo sai, o avrai intuito, che posso leggere la tua mente; anche se in realtà non è esattamente ciò che leggo…»

«Fondi del caffè?» Mi concessi una risata leggera e ripresi il discorso.

«Levansi, il mio orientamento romantico e sessuale fa parte di me esattamente come la percezione del mio genere. Non è una scelta, come non lo è detestare il blu o il giallo. Accade.

A scanso di equivoci, io amo il giallo. Con il blu, invece, ho una sorta di *"relazione complicata"*, per dirla alla Facebook.

Ciò che chiunque può fare è prenderne atto con rispetto, anche se lontano dal proprio vissuto senza svilire l'esperienza altrui.
Chi lo fa è semplicemente una persona di merda.»

«Hai avuto in cambio rispetto?» chiese Levansi.

«Aspettarsi di ricevere sempre rispetto è una bellissima illusione, un sogno quasi ingenuo, perché la realtà non funzionava così per chi, come me, si collocava fuori dalla cosiddetta curva gaussiana della normalità.

Sebbene la scienza dimostri chiaramente che le variazioni nel comportamento di una specie sono fondamentali per la sua evoluzione, le persone continuavano a trovare difficile accettare ciò che percepivano come lontano, diverso o estraneo rispetto alla loro quotidianità.

Era come se ogni deviazione, nel sentiero dorato del Regno Normale di Oz, rappresentasse una minaccia anziché una ricchezza, e questa chiusura rendeva estremamente faticoso abbracciare la complessità e la varietà che esistono in ogni persona.»

«In che modo facevano fatica, esattamente?»

«Oh, te lo spiego subito.

Devi sapere che alcune persone non riuscivano a capire nemmeno il meccanismo delle porte automatiche in metro: invece di lasciare che si aprissero da sole, si accanivano su quel pulsante, sempre più frustrate perché, chissà come, non si apriva al loro tocco. Ora pensiamoci, come potrebbero mai sviluppare l'empatia necessaria per comprendere un'esperienza di vita davvero diversa dalla loro?

La loro incomprensione si esprimeva in tanti modi *raffinati*: paura, odio, disprezzo, sorrisini maliziosi, atti di violenza gratuita, e altre sfumature di *simpatia*.

E sai, ogni tanto, nei miei momenti di pessimismo cosmico, quasi mi convincevo: *"Dai, molla tutto e uniformati, sarà più semplice."*

Madonna, che fatica… ma ti sembra così difficile? Non chiedevo mica di decifrare la Stele di Rosetta o di imparare il significato dei Veda per cantarli in sanscrito durante un clistere rinfrescante alla lavanda!»

«Eppure, non mi sembra proprio che tu abbia mollato o uniformato nulla di te. A quanto ne so…»

«Ma siamo a un episodio di *Belve* dell'Aldilà?

Comunque, ho imparato ad amare le mie caratteristiche non convenzionali, proprio come le mie orecchie, posizionate più in alto rispetto alla linea degli occhi. È una parte di me, e la amo così com'è.»

«Quindi ti piacciono?» chiese Levansi.

«Certo che mi piacciono! E mi piace chi sono. È svilente, certo, notare come la società ami standardizzare l'amore, le relazioni o le identità in modo così rigido, come se fosse possibile confinarli in scatole ordinate.
Ironicamente, l'orientamento romantico-sessuale e, successivamente, la mia identità di genere sono diventati un po' come la posizione delle mie orecchie: caratteristiche naturali, una parte di me che non ha bisogno di giustificazioni. Le persone possono chiedere del perché le mie orecchie siano posizionate in quel modo, ma io, con un sorriso di sfida, rispondo: sono così, e le amo così.

È lo stesso per come mi percepisco o amo. Certo, ci sono stati sguardi interrogativi, sorrisi indulgenti e, a volte, perfino occhiate di disapprovazione o violenza. Ma alla fine della giornata chiudevo gli occhi con un sorriso, perché avevo dimostrato chi ero, senza sconti alla cassa.

In un mondo che talvolta sembra disposto a piallare ogni aspetto della nostra esistenza, ho deciso di abbracciare le mie differenze, farci l'amore e renderle parte essenziale di chi sono. Se qualcuno mi chiedesse del mio orientamento sessuale o della mia identità di genere, risponderei con la stessa indifferenza con cui parlerei delle mie orecchie: *"è solo un altro pezzo del puzzle, e l'importante è che arredi bene la stanza della mia vita."*»

Feci una pausa per capire come continuare senza perdermi, come al solito, in mille rivoli di pensieri.

«Dimmi quando hai iniziato a percepirti differente...» disse Levansi, lanciandomi un salvagente che accolsi con piacere.

«Ho iniziato a scoprirlo a 16 anni, in quel periodo in cui brufoli e confusione esistenziale si scontrano con la scoperta di sé, ma senza avere gli strumenti per farlo.
L'unica formula che conoscevo, lì dove vivevo, era
uomo + donna = matrimonio e prole.
Fine.
Quella era l'unica opzione spiegata fin dalla tenera età.
Il mio poco profondo pensiero filosofico all'epoca si limitava a chiedersi:
"Ma se io invece non fossi così...sarebbe un bene o un male?"
Non c'era traccia di alternative, né negli insegnamenti né nel contesto in cui vivevo. La risposta continuava a sfuggirmi, come un biscotto inzuppato nel latte che si spezza prima di raggiungere la bocca.
Vista l'assenza di informazioni, avevo deciso di attribuire la 'colpa' a qualcun altro. A qualcosa di più grande: la Natura. Chi avrebbe potuto contestarla? Io esistevo, funzionavo fisiologicamente e avevo una testa, due braccia e due gambe come qualsiasi altra persona. Mangiavo, cagavo e pisciavo come qualsiasi altro essere umano.»
Mi interruppi, con la piena consapevolezza di quanto mi stessi dilungando, ma Levansi non mostrava segni di impazienza.

«Continuavo a pensare,» ripresi, «che se la Natura mi aveva dato queste caratteristiche, e la Natura è perfetta nelle sue forme... chi poteva dire che fosse sbagliato? Basti pensare ai milioni di anni che si è presa per organizzare il nostro sistema solare. Ammesso e non concesso di trovarci ancora qui, o lì…cazzo, ho perso il filo del discorso!»

Presi una pausa, strizzai l'occhio sinistro per riordinare i pensieri e continuai: «In ogni caso. Forse siamo ancora nel sistema solare che conosco o forse stiamo vedendo il mare del nulla cosmico. Ma ciò che voglio dire è che, in fondo, la perfezione risiede nell'accettare la Natura per quello che è: un'enorme, complessa e spesso assurda cascata di eventi creativi. E se qualcuno vuole protestare, può rivolgersi al reparto reclami della Natura... anche se immagino ci sia una lunga fila.»

Levansi intervenne: «E Dio? Cosa mi dici di Dio? Hai parlato solo di Natura.»

Sobbalzai. «Di solito, per me, Natura e Dio coincidono, come possono coincidere con Allah, Buddha, Maometto, Gaia. Un bel loop che racchiude tutti i pezzi grossi della *top ten* del genere umano. Ho sempre trovato inutile e stupido concentrarsi ciecamente su una sola divinità, perché non sono altro che diverse manifestazioni di un'unica entità suprema, come le molteplici facce di un unico diamante.

Tornando a Dio. Se è così perfetto e onnipotente, allora, come si spiega la creazione di una persona che non rientra nei parametri dei testi sacri? Non mi sembra che la risposta sia il libero arbitrio: le sfumature o gli orientamenti sessuali o romantici sono caratteristiche di *"hardware"*, non di *"software"*, per dirla in termini informatici.

Dio, con me, ma anche con altre milioni di persone, ha preso una grande svista insieme agli altri amici del Pantheon del Regno dei cieli? Mi pare che questo BUG duri da tanto, visto che le sfumature, oltre l'eterosessualità, sono parte del genere umano da millenni, nonostante si siano perseguitate per tanto tempo, troppo, in nome di alcuni testi sacri che possono sembrare libri di favole... o di fantascienza.»

«Favole?» domandò Levansi.

«Ormai è ampiamente dimostrato che alcuni fatti, accadimenti e quant'altro sono frutto di un'evoluzione naturale e non di sette giorni di creazione. Per dirne una. Personalmente penso che si debba prestare molta attenzione ai testi che consideriamo sacri, comprendendo che alcuni contenuti, o prescrizioni, erano finalizzati a un benessere sociale o igienico, o più semplicemente per popolare la terra e render credibile un popolo in termini di numeri. Un popolo con dieci anime malcagate non mi pare possa esser un popolo, giusto? Oggi, avendo in mano questi testi, proverei a comprenderne e applicarne più i valori contenuti che non prescrizioni o divieti oramai obsoleti. E pericolosi.

Non so per quale Dio lavori, Levansi, ma se mi portassi all'inferno, ora come ora, vorrei che fosse per altre faccende come quella volta che ho rubato vergognosamente dei soldi dal portafoglio di nonna.» Sorrisi con un'aria imbarazzata. Era stata una delle cose di cui più mi vergognavo in vita.

Levansi mi domandò: «Cosa o chi provava a farti credere di non essere nel giusto?»

«Fammi pensare... la lista è lunga eh! Politici, estremisti, fascisti della domenica, associazioni pro-vita o antiabortiste e non dimentichiamo di annoverare la Chiesa Cattolica.»

Mi misi a ridere.

Continuai e gli dissi: «Devi sapere che sulla terra l'unica verità che viene perorata dalla Chiesa è che tutto ciò che esiste fuori da un matrimonio etero, o dal sesso atto alla riproduzione, è peccato.

Quindi anche se sei etero, e scopi prima del matrimonio, tecnicamente sei un peccatore. Però pareva andasse bene, bastava fartela con il sesso opposto: in questo caso potevano anche chiudere più di un occhio. C'era anche un'altra via, alla stregua del detto *"scoperta la legge trovato l'inganno"*: fare sesso anale, come le mie compagne del liceo, per arrivare vergini al matrimonio. Ripenso ancora oggi a che sessualità di merda aveva vissuto questa gente.

Ma tornando a noi. Cioè a me.
Se una persona ne ama un'altra avente il medesimo sesso biologico, è considerata contro-natura.

Come vuoi che reagiscano le persone, cattoliche o presunte tali, che sentono di una persona omosessuale o transgender o bisessuale o non binaria quando ti viene detto, fin dall'infanzia, che tutto ciò è abominio? O ancora peggio se una figlia o un figlio fosse parte di queste sfumature? Come vuoi che reagisca una persona quando scopre che, ohi ohi, fa parte proprio di quella comunità LGBTQIA+ considerata peccaminosa dal prete da cui andavi a otto anni e che te l'ha ripetuto costantemente? Non bene.»

Levansi intervenne: «Sembra che tu abbia vissuto in prima persona questa situazione o che ti prenda molto a cuore chi vive questa delusione.»

«Ricordo ancora le parole del prete del mio paese, parole che tagliavano come lame:

"L'omosessualità è un peccato, essere transgender è contro natura."

E io, giovane e vulnerabile, non potevo fare altro che crederci...grazie al cazzo...del resto, non è che avessi un ventaglio così ampio di opzioni tra cui scegliere!

Ho creduto di dover rinunciare a parti di me, soffocare desideri, ignorare i miei veri sentimenti per avere amore, accettazione o salvezza. Ma a quale prezzo? A cosa serve vivere una vita che non è la tua, solo per accontentare un Dio che sembra più interessato a controllare che a comprendere?

Adesso provo un risentimento profondo, un'ira che arde dentro di me. Come hanno potuto farmi credere che c'era qualcosa di sbagliato in me? Come hanno potuto insegnarmi a odiare una parte così essenziale di chi sono? A me è andata bene, riuscendo a trasformare questo lutto in un'azione concreta per sostenere me e chi mi circondava; altre persone, invece, si sono tolte quella vita che sembrava così sbagliata dopo che hanno visto negato l'affetto di una famiglia.

Ecco perché aiutavo qualsiasi persona che, come me, ha vissuto questo stesso lutto, questo disagio. Seppur in modo differente. Vivere continuando a nascondere chi si è, per paura del giudizio o delle persecuzioni moderne… perché, certo, magari oggi non ci uccidono o bruciano come un tempo, ma resta comunque una forma di persecuzione…ecco, Levansi, questo io lo trovo il vero abominio.

Restammo in silenzio per qualche istante. Il sole si stava muovendo verso il basso, scomparendo verso il mare. Era chiaro, in quel momento, che stava giungendo la sera.

SERA

Quella sfera d'oro caldo si avvicinava lentamente all'orizzonte del mare in questo luogo che poteva essere una dimensione parallela in una delle miliardi di galassie dell'Universo. La luce del tramonto si stava tingendo di tonalità arancioni, rosa e viola, dipingendo le stesse pennellate magiche nel cielo che mi fermavo ad osservare sulla Terra. Il mare, tranquillo e riflettente, sembra fondersi con il cielo in un abbraccio etereo.

Mentre il sole, o quella stella, si avvicina al momento del suo addio, il cielo iniziava a trasformarsi. Le prime stelle timidamente facevano capolino, puntini luminosi che adornavano il firmamento. Il blu notte prendeva gradualmente il sopravvento, avvolgendo la scena in un manto ancor più misterioso.

Alzai gli occhi al cielo stellato. Le costellazioni apparivano familiari eppure differenti. Mi domandavo se, tra quei punti luminosi, avrei potuto riconoscere gli stessi allineamenti e disegni scritti dalle costellazioni nei cieli della Terra. La meraviglia del tramonto si fondeva con la mia curiosità cosmica, creando un momento di contemplazione che interruppi esclamando: «Figurati se riesco a riconoscere delle costellazioni!»

«Fossi in un cielo conosciuto potresti; so che lo sai fare. Questo è un altro cielo.»

«È un altro tutto», e aggiunsi: «Levansi, dove sono?»

«Sei esattamente dove dovresti essere in questo momento, sei in un luogo oltre i confini della vita che hai conosciuto. Qui il tempo è un concetto fluido e le barriere tra ciò che è reale e ciò che è possibile si svelano in modi misteriosi.»

Cercai di comprendere, ma ogni parola di Levansi sembrava essere avvolta da un velo di enigma, quindi, come tutta risposta a ciò che di solito sfuggiva alla mia comprensione, feci una battuta: «Eh già, tempo fluido, come la mia identità di genere.»

Levansi non rispose, ovviamente, e si limitò a cambiare posizione sulla poltrona nella quale era seduto. Si mise quasi a tre quarti e mi domandò: «Raccontami del tuo primo ragazzo.»

«Il mio primo Razzo Umano, cioè, caso umano, vorresti dire.»

Mi misi a ridacchiare e spiegai il mio personale significato della parola Razzo Umano: «Pochi giorni prima della mia disfatta, con una mia ex-collega, abbiamo coniato il termine dopo un tot di Gin Tonic al bar. Quella sera il martedì era diventato un venerdì… pessimo errore.»

Levansi non stava comprendendo il senso della mia frase e continuai: «Come se non dovessimo lavorare il giorno dopo.

Confrontandoci sulle svariate avventure, disavventure, relazioni o conoscenze sia online che reali della nostra vita abbiamo fatto evolvere il termine *"Casi Umani"* in Razzi Umani.

I Razzi Umani sono come meteoriti che entrano nella tua

orbita esistenziale, portando con sé una scia di caos, scompiglio e rotture di ovaie o palle, o qualcosa, che quando vengono rotte fa male. Sono quelle persone che, da un momento all'altro, si insinuano nella tua vita e, anziché aggiungere valore, sembrano essere guidate da una strana e incomprensibile missione di rendere tutto più complicato.

I Razzi Umani arrivano da ovunque e in tutte le modalità, sia online che offline. Possono essere persone che sembrano attratte da situazioni drammatiche come falene dalla luce, o quelle che, attraverso peculiarità online, creano quel disordine che sfugge a ogni logica. Sono quelle persone che ti vanno a finire dritte dritte su per il culo, per dirlo in francese, senza lo squisito piacere del sesso anale. Abbiamo anche coniato un significato sintetico o etimologico della parola… ah che bel lavoro Levansi!
Possiamo definire i Razzi Umani come una felice unione tra i termini "razzi/pazzi" e "casi/cazzi", considerando i cazzi nel senso di problemi.»
Ridacchiai nuovamente.
Davvero stavo intraprendendo questo discorso?
Levansi non mostrava alcuna espressione sul volto, ma sapevo che aveva colto perfettamente il concetto.

«Ma prima di rispondere alla tua domanda, lascia che aggiunga un'ultima cosa. È banale, semplice, ma difficile da applicare. Abbiamo concordato che i Razzi Umani non portano solo problemi.
Un risvolto positivo c'è: queste persone ti costringono a riflettere su quanto sia essenziale fare attenzione a chi permettiamo di avvicinarsi al nostro cuore, alla nostra vita… o ai nostri profili social!»

Levansi era in silenzio aspettando pazientemente che tornassi alla mia risposta dopo il prolisso cappello introduttivo.

«Conobbi Pe. a 16 anni mentre avevo una relazione con una ragazza che era, anche, la figlia della mia insegnante di aerobica e step. Andavo spesso in palestra in quel periodo, per calmare sia l'ormone impazzito che per sbollire i nervosismi di chi vive in una piccola realtà piena di dinamiche paesane nelle quali si doveva prestare attenzione a misurare le parole, le azioni o i comportamenti e, ovviamente, qualsiasi espressione non fosse conforme alla NORMALITÀ.»

«Prestare attenzione?»
«Vivere in un paesino italiano, da Nord a Sud, non è tutto cibo buono, persone gentili, il sole, il mare, la montagna, il vento e la polenta taragna. È un grande gioco di strategia, così lo definirei.»

«Gioco di strategia?» Levansi fece un'altra domanda.

«Sì, un gioco di strategia. Ma sto cambiando discorso. Ce ne faremo una ragione, no?»
Continuai senza aspettare una risposta di Levansi:
«In quel paese, ogni gesto e ogni parola erano parte di un intricato puzzle sociale. Dovevo navigare tra relazioni complesse, tradizioni radicate e sguardi scrutatori. È come il gioco degli scacchi, ma con le persone.
Ti trovi in una grande scacchiera con regole e comportamenti delineati che ti inculcano fin dalla tenera età, come se il parroco del paese non bastasse a rompere le scatole.
Una delle regole, ad esempio, consiste nel dosare le parole. Se io ti metto a conoscenza di quattro fatti miei, tu in cambio, me ne dai altrettanti quattro e se non me li dici sei una persona di cui devo diffidare e non aver fiducia.
Folle, vero?
Questa gente pensa davvero che le bambine e i bambini

crescano meglio impartendo da subito le regole di questo gioco anziché mostrar loro altre possibilità di amare o vivere? Mentecatti di merda.»

Dopo aver sbuffato continuai:

«Un altro gatto attaccato con le unghie al muscolo perineale era assistere forzatamente al grande spettacolo di *chi ce l'ha più grosso*: devi far sembrare cosa sei o cosa fai sempre più bello di ciò che hanno le altre persone.

Perché in paese la posizione lavorativa, il contratto a durata indeterminata, la scuola, il voto di laurea e la famiglia con prole sono tutto.

Specialmente la famiglia: se non la hai risulti attaccabile e passibile di giudizi, domande e commenti non richiesti.

Ti lascio solo immaginare l'esposizione che avevo, mio malgrado, a giudizi e commenti in quanto non aderente al concetto di eteronormatività, famiglia, prole, casa, matrimonio, bomboniera con cornice di argento pacchiana e contratto a durata indeterminata.

Avevo infranto tutte le regole del gioco da quando avevo 16 anni!

Ogni volta che tornavo in paese, nonostante lo avessi lasciato da vent'anni e ormai non dipendessi economicamente dai miei genitori da quindici, mi ritrovavo a percepire il valore della mia vita svilito da sguardi e atteggiamenti sempre ostili.

Non contavano le mie scelte o i miei traguardi: le due lauree, il lavoro stabile, le attività sociali in cui investivo il mio tempo. Per loro, bastava una sola convinzione per annullare tutto: *hai scelto di essere così, quindi vali meno, c'è qualcosa di sbagliato in te.*

Era un pensiero fisso, implacabile, come se la mia esistenza fosse ridotta a un singolo errore di fondo, qualcosa che, ai loro occhi, non avrei mai potuto equiparare ai loro rigidi modelli.

Eppure, c'era un'ironia amara che non riuscivo a ignorare quando osservavo o conoscevo, durante le mie vacanze, quelle famiglie tanto osannate come "normali" — famiglie piene di conflitti nascosti e problemi taciuti. Apparentemente perfette, eppure traboccanti di contraddizioni che sembravano uscite da un romanzo distopico.

Violenza domestica mascherata da rispetto, figli nati più per convenzione sociale che per amore, lasciati da genitori ventenni ai nonni esausti, con traumi che avrebbero ripagato una casa in Costa Smeralda a un analista.

O i tanti scambi di coppia nascosti dietro la facciata della moralità, coppie che si sopportavano appena, ma restavano unite sotto lo stesso tetto solo per mostrarsi *"come si conviene"*.

L'ultima storia che mi ha fatto cadere la mascella a terra è stata quella della *"sposa di riserva"*. Lei, per intenderci, ha detto sì al suo ex, fresco di abbandono all'altare da parte della *"scelta numero uno"*. Il motivo? Sarebbe stato un peccato mandare in fumo i soldi già spesi per il ristorante, i vestiti e le bomboniere; pacchiane ovviamente.

Insomma, tutto pur di rispettare il copione della *"normalità"*. Meglio un matrimonio di seconda mano che un pasto sprecato, no?

Levansi, sarò forse una persona orribile, ma in quei momenti trovavo un piccolo, amaro sollievo: non avevo ciò che chiedevano ma avevo la libertà di esser e amare chi volevo. Senza bomboniere di merda.»

«Hai allungato un po' troppo il brodo ma...non era questa la mia domanda, stai divagando. E a quanto pare queste bomboniere sono il tuo incubo.»

In quel momento alzai gli occhi al cielo.

Levansi continuò: «Tuttavia vorrei saperne di più.»

«Delle bomboniere? Non c'è molto altro da dire.

Lo so, lo so. Continuo.

La mia mossa a scacchi fu lasciare il paesino dopo il liceo, fregandomene di scegliere la città universitaria in base a dove andavano amiche o amici o iscrivermi a una facoltà che poteva dare maggior lavoro post-laurea, altra regola del gioco che mi faceva pulsare la ghiandola pineale. Che a quanto pare muore dopo i primi anni di vita. Che miracolo se si risvegliasse!»

«Mi raccontavi che stavi con una ragazza» Levansi riprese il mio discorso del quale ne avevo perso traccia nei meandri dei miei ragionamenti e figure retoriche non richieste.

«Si, esatto! Ti raccontavo che avevo una relazione con una ragazza che alla prima occasione, più appartata, mi saltava addosso e mi toccava ovunque con questa voglia che anche io avrei tanto voluto possedere.

Lo slancio e il desiderio di esplorare un altro corpo, lei.

Io, nulla: notavo che l'interesse nell'esplorare il suo corpo era pressoché assente.

Pazientavo e mi davo del tempo fingendo dei classici e intramontabili mal di testa o un po' di stanchezza per la giornata a scuola.

Non sapevo che, in realtà, stava accadendo qualcosa di triste e straordinario allo stesso tempo.

Un'autrice lo chiama *il Lutto dell'Eterosessualità*: all'epoca fu quello, poi ho scoperto un altro lutto riguardante la mia identità di genere. Che vita costellata di perdite!»

«Cosa intendi per lutto dell'eterosessualità?» Intervenne repentinamente Levansi.

«Immagina una persona, ora, in un piccolo paesino, che si scontra con la consapevolezza che la sua identità o il suo modo di amare o di vivere non si allineano agli schemi etero normativi che le sono stati insegnati sin dall'infanzia: gli unici disponibili.

In questo momento, potrebbe sperimentare una gamma complessa di emozioni. Potrebbe sentirsi come se stesse piangendo la perdita di un'immagine ideale di sé, quella che le era stata imposta dalla società.

In qualche modo, è come se avesse vissuto un lutto per la persona che pensava di essere o che avrebbe dovuto essere secondo gli standard sociali.

È stata questa la mia sensazione.

Pensavo avessi un problema fisico, che qualcosa di nocivo dentro di me influiva sul mio desiderio o che avessi un problema psicologico. Allo stesso tempo, guai a chiedere ai propri genitori di andare dallo psicologo.»

«Perché?»

«Semplice Levansi: dall'analista ci vanno le persone con qualche rotella fuori posto.»
«Ah», esclamò Levansi.

«Eh…il problema c'era. Ed era solo uno: non voler vedere la realtà dei fatti e processare il mio *lutto.*»

«Perché non volevi vedere il tuo *lutto*?» mi domandò in modo gentile Levansi.

«Sempre per la causa descritta prima: se ti parlano fin dalla tenera età solo di tondo e quadrato, nel momento in cui scorgi un triangolo ti domandi *ma cosa cazzo è?!?*

Ciò che non conosci, o non ti permettono di conoscere, fa sempre molta paura. Credevo ci fosse un motivo "pericoloso" per il quale non era concesso spiegare altri modi di essere o di amare.

E nel paesino, prima dell'esplosione dei social, era molto

difficile conoscere altri modi di vivere, percepire o amare.»

Sorrisi verso Levansi e poi continuai.

«Tuttavia, durante una festa sulla spiaggia, qualcosa accadde – come un panno cattura polvere che, all'improvviso, svelava chi volevo davvero amare. Destino? Forse.

Ma, come amo pensare, Levansi, la vera natura di una persona è come l'acqua in trappola: puoi anche cercare di contenerla, ma prima o poi straripa, spesso facendo più danni di quanto ci si aspetti. Rimandare non serve, anzi, è proprio accettando chi siamo e chi amiamo che possiamo vivere senza paura. Se non facciamo nulla di male, allora perché dovremmo nasconderci?

Tornando alla festa al lido.

Da noi, ogni 14 agosto, si fa una nottata in spiaggia: falò con bagno a mezzanotte, il tutto con il gruppetto più *"in"* del paese. Non ci crederai, ma era il coro della Chiesa!»

«E perché mai non dovrei crederci?»

«Beh...» dissi ridacchiando «diciamo che, di solito, le giovani persone che vanno in chiesa non sono proprio viste come il massimo del carisma. A sedici anni, poi, immaginati i commenti...»

«Sei crudele.» ribatté Levansi, con il suo solito tono pacato.

«Eh, forse sì. Ma questo era il mio punto di vista di vent'anni fa, e diciamo che allora avevo altri metri di giudizio. Se mi chiedessi cosa ne penso adesso, beh... non userei più la parola *'sfigati.'*»

Feci una pausa. Non mi trattenni e aggiunsi di scatto: «Però, diciamolo, qualche svegliata gliela darei ancora. Magari giusto per togliergli quell'aria da funghi secchi per risotti veloci!»

«E cioè?» chiese Levansi, alzando un sopracciglio.
«Un po' più di spirito, ecco tutto…» continuai.

«Insomma, Gesù era un ribelle, un tipo rock and roll, no? Ma loro sembrano più impegnati a seguire un copione. Non c'è entusiasmo, non vedo quella scintilla negli occhi. Hanno sempre quel velo di "contenzione", come se facessero tutto non perché lo sentono davvero, ma solo perché, beh, così s'ha da fare!»

«Capisco… e poi, com'è andata con il falò?»

Levansi tagliò corto per lasciarmi continuare.
Era ovvio che non avevo un buon feeling con le GGC: le giovani genti di chiesa.

«Durante quelle notti in spiaggia facevamo tutte le esperienze del caso tra birre, vodka alla menta e canne. E non parlo di quelle che si trovavano sulla spiaggia.»

«Chiaro…»

«Era quasi mezzanotte quando arrivò Pe, un tipo che aveva attirato subito la mia attenzione, con quella sua abilità di suonare la chitarra e intrattenere chiunque con conversazioni che erano decisamente sopra le righe.
Mi trovavo a fissarlo spesso, senza capirne bene il motivo. Secondo la mia *"teoria del tondo e del quadrato,"* Pe non avrebbe dovuto risvegliare in me nient'altro che curiosità innocua.

Invece, mi stava svelando un triangolo… e magari anche

qualche forma geometrica sconosciuta, mai spiegata prima.

Era la prima volta che qualcuno mi attirava in quel modo, fisicamente. Certo, guardavo anche le ragazze, ma solo perché nel "branco" si faceva così. Fingevo interesse, ma dentro di me sapevo che il mio unico pensiero era un sonoro: *"Ammazza, ma quanto è bono Pe!"*

A fine serata, un amico si avvicinò, con l'aria di chi ha lo scoop dell'anno, e mi sussurrò all'orecchio: *'Oh, sai che Pe è bisessuale?'*

A sedici anni non sapevo nemmeno che questo tipo di pettegolezzo avesse un nome: si chiama Outing. Risposi che mi stupiva il fatto che quel dettaglio della sua vita privata fosse un argomento pubblico, visto che mi sembrava un po' sconveniente. Adesso, o prima che morissi, sapeva di me perfino la vicina di ottant'anni con la quale parlavo di ammorbidenti.

Finite le vacanze, mi iscrissi al coro della chiesa, dove sapevo che Pe suonava la chitarra. Provavo un'inedita felicità all'idea di rivederlo.»

Levansi mi interruppe: «Ma la tua fidanzata?»

«Eh, lei c'era ancora, e io continuavo a sperimentare la "non-attrazione" per lei.

Intanto, erano iniziate le prove del coro, e mi ritrovavo a parlare sempre più spesso con Pe finché, un giorno, mi diede il suo numero e mi invitò a casa sua per "ripassare" delle seconde voci per il canto. Se avessi avuto anche solo metà della malizia che ho adesso, avrei intuito subito che "ripassare" non era esattamente l'unico programma della serata. Ma a sedici anni non capivo ancora questi sottointesi simili a *"vieni a vedere la mia collezione di farfalle!"*.

Alla fine delle prove, gironzolavo per la sua stanza e notai delle foto appese al muro: lui in seminario, con un gruppo di preti in erba, il direttore della struttura, tutti ordinati in posa. Gli chiesi se fosse stato in seminario. Lui confermò, e fin lì tutto bene. Poi, però, iniziò a raccontarmi di *"giochi tra maschietti"* e di dettagli di vita quotidiana che, credimi, avrei fatto volentieri a meno di conoscere a quell'età. Insomma, mi sciorinò un quadro degno di un romanzo di formazione alla rovescia, il tutto con una naturalezza che trovai un po' sconveniente.

Capisco che certe informazioni non puoi sceglierle come i calzini in saldo su Amazon, con la consegna programmata e tutto il resto, ma, santo cielo, ci sono cose che forse andrebbero dosate...»

Levansi intervenne, con la sua solita calma: «Pensi che non sia stato giusto dirti tutto?»

«No, no... apprezzavo la sincerità, davvero. Però, Levansi, ci sono racconti che, se sparati così, senza un minimo di filtro, frantumano ogni idea di purezza su un luogo, su una situazione. Non è che avrei preferito restare nell'ignoranza, ma certe verità, se servite crude e senza preavviso, hanno lo stesso effetto di una palla demolitrice alla Miley Cyrus in *Wrecking Ball*.

Ecco, diciamo che per le confessioni ci sono un tempo e un luogo adatti... e magari le dieci di sera durante un primo appuntamento—che neanche avevo capito fosse un appuntamento—non erano esattamente quelli giusti!»

«Capisco. Come è andata a finire quella sera?» chiese Levansi, senza battere ciglio.

«Ah, beh... Pe fece a pezzi la mia idea di purezza e l'illusione che in un ambiente "sacro" ci fossero linee invisibili che non si sarebbero mai oltrepassate. Lui, invece, andò oltre ogni linea, e in un attimo eravamo sul suo letto.

Ricordo tutto con una nitidezza assurda: il silenzio che ci avvolgeva, i suoi occhi fissi nei miei e quell'incertezza che, in qualche modo, rendeva tutto più eccitante. Mi si avvicinò lentamente, e non so se provassi terrore o curiosità.

Poi, all'improvviso, le nostre labbra si incontrarono, con una dolcezza che non mi aspettavo, e la sua mano si posò delicatamente sulla mia guancia.

Sentii il suo respiro mescolarsi al mio, un calore che mi attraversava, facendo scoppiare tutto quel confuso groviglio di emozioni che avevo dentro. Fu un bacio che mi rivelò due verità: la prima, che c'era una parte di me che aspettava da tempo di provare quell'attrazione; la seconda, che quel bacio segnava un punto di non ritorno, un addio a un'idea di me che fino a quel momento avevo dato per scontata.

Fu come assistere a due spettacoli in contemporanea: da una parte, la gioia travolgente di scoprire qualcosa di così vero, dall'altra il malinconico funerale dell'eterosessualità, che se ne andava a puttane senza troppi complimenti. Non sapevo che fine avrei fatto da lì in poi, ma sentivo che quel bacio aveva appena cambiato tutto.»

«E non successe più nulla?»

«No. Continuammo a darci baci mentre con le mani esploravo un corpo di cui non mi avevano mai accennato la possibilità di contatto. Per il primo rapporto sessuale con la penetrazione attendemmo.

Pe comprendeva che ero alla primissima esperienza e avevo bisogno di esplorare il magico mondo del *petting* prima di passare alla famigerata penetrazione con la quale ho avuto un rapporto molto conflittuale fino a qualche anno fa.»

«In che senso?» Intervenne Levansi.

«Apriamo una parentesi su un discorso? Che strano!

Dopo anni di conflitto interiore sulla penetrazione, decisi di far chiarezza, intraprendere un percorso di introspezione e analisi che mi portasse a capire anche qualcosa di più sulla mia identità di genere.

Complice inconsapevole di questa relazione complicata fu, guarda un po', proprio la comunità gay-cisgender, con i suoi cliché e giudizi non detti, ma ben presenti. Era come se ci fosse questa scala di "valore," dove chi "dava" stava in cima e chi "riceveva" in basso, a guardare su. Si insinuava l'idea che, se ti fai penetrare, stai facendo un passo indietro, ti stai mettendo in una posizione – anche simbolica – di minore potere, di "subordinazione." Come se, semplicemente accogliendo, valessi meno, fossi meno "forte." E tutto questo era talmente radicato, talmente tossico, che iniziavo a crederci pure io. Sentivo che ogni volta che assumevo quella "posizione," stavo perdendo punti, una parte del mio valore, perché era come se fossi…meno.

Ovviamente, perorare questo schema, per me, era una tragedia in termini di sostenibilità e di benessere. Rifletteva la stessa mascolinità tossica che notavo in giro, quella per cui il valore di una persona dipende da chi "comanda" in un letto. Una dinamica che si vedeva già fin troppo negli uomini etero, ma che, con sommo dispiacere, era finita per contagiare anche tanti uomini gay cisgender.

Sì, proprio quelli fieri di *non sembrare troppo gay*, perché il modello a cui aspirare, mica a caso, era quello dell'uomo "virile", bianco, moderato e, ovviamente, così maschio da sembrare etero.

Se ci pensi, è assurdo: tutti a cercare di non essere "troppo" nulla, e poi magari finiscono a recitare come figuranti una mascolinità che non è nemmeno la loro.

Decisi che ne avevo piene le scatole di sottostare a questa narrativa. Decisi che quelle etichette, "attivo" e "passivo," erano ridicole e che non avrei più usato termini che implicavano una gerarchia dove, chi accoglieva, stava sempre un gradino sotto.

Da lì, intrapresi una vera riflessione sul linguaggio stesso e su quanto influenzi il nostro modo di vivere le esperienze intime. Cambiai alcuni termini e abitudini linguistiche, scegliendo parole che non portassero con sé quel giudizio automatico, quella divisione inutile. La mia vita intima non doveva essere un esercizio di potere; doveva essere un'esperienza di libertà, lontana dagli schemi di chi voleva mettere etichette perfino su un momento così privato.»

«Quali parole hai scelto?»

«Ho deciso di sostituire attivo e passivo con insertivo, un termine gergale o informale per sostituire attivo in ambito sessuale con l'intento di evitare le connotazioni di potere implicite in attivo/passivo, e recettivo.

Avevo tutta l'intenzione di sfidare a colpi di lingua – e non parlo di limoni – la comunità gay cisgender. Non era solo una questione di cambiare due paroline, ma di ribellarsi a quella struttura di potere nascosta dietro l'apparente innocenza dei termini.

Inoltre, decisi di abbandonare l'uso del genere femminile come forma di scherno o insulto. Riconoscendo il valore e la dignità di entrambi i generi compresi che il genere femminile non è inferiore o sottomesso rispetto a quello maschile. Iniziai a pensare: *ma insultiamoci con il nostro genere di appartenenza o il genere scelto di propria sponte!*
Certo, c'era chi mi diceva che era solo un innocente scherzo. Ma l'uso di termini femminili come insulti ha

implicazioni sociologiche e culturali.

Manipolavo il linguaggio a modo mio, cercando un modo di esprimermi che fosse rispettoso, che non portasse il solito bagaglio di stereotipi e pregiudizi. Perché, sai com'è, le persone vivono di parole che generano pensieri, che si trasformano in emozioni e che, a loro volta, plasmano i nostri comportamenti. Per fare l'albero ci vuole il seme... per fare il seme ci vuole il fiore...»

Mi misi a canticchiare una vecchia canzone, giusto per ribadire il modello PEC, pensieri – emozioni – comportamenti.

«Ma torniamo a Pe.
Hai visto che ho ripreso il discorso?»

Levansi rimase in silenzio come a sottendere: *hai fatto ciò che si doveva fare, non ti pavoneggiare.*

«Riguardo la prima esperienza sessuale completa con Pe, questa avvenne al mattino, durante una giornata in cui avevo deciso di saltare la scuola per andare a casa sua. La luce del sole filtrava attraverso le persiane della sua stanza, all'ultimo piano della sua villa di famiglia, un luogo che all'epoca sembrava un appartamento indipendente, anche se ora mi fa rabbrividire l'idea di avere i genitori così vicini. Tra noi due si era creata una connessione straordinariamente intensa.

Quella mattina il mondo intero tratteneva il suo respiro. Eravamo in un angolo di intimità, sotto la protezione del nostro reciproco abbraccio e da un amore che sembrava invincibile.

In quel momento, ho scoperto un'intimità che superava l'immagine stereotipata di un semplice atto fisico descritto nei libri di biologia. Non era la rappresentazione anatomica di un pene dentro una vagina, ma qualcosa di molto più profondo e differente. Dopo aver fatto l'amore il nostro rapporto si era rafforzato: ero felice, eravamo felici.

Ma poi tutto finì. Conobbi, mio malgrado, la cruda realtà della disillusione.»

Levansi venne colpito dalla parola disillusione e mi chiese: «A proposito di disillusione…e la fidanzatina?»

«Ce l'hai proprio a cuore eh?»

«Spero non sia stata vittima della tua idea secondo la quale *non tutte le battaglie vanno combattute* e che le abbia dato una spiegazione.»

«La lasciai due settimane dopo il primo bacio con Pe dicendole che non me la sentivo, non era lei ma ero io…le classiche super cazzole evergreen trite e ritrite da sedicenne.

Non avevo ancora gli strumenti per dirle in completa libertà tutta la verità ma, a distanza di anni, le dissi il reale motivo della rottura.

Lei mi disse che aveva capito tutto e che Dio benedica la sua intuitività o…la Gossip Girl di turno di paese. Rimarrò per sempre con questo dubbio.

Negli ultimi due anni, se non ricordo male, ha convogliato a nozze e ha avuto addirittura due figli con una persona conosciuta dopo di me. E parliamo di un fidanzamento molto lungo se durava dall'età di 16 anni!

Alla fine, le ho portato fortuna: se Vì ti lascia, al prossimo giro vai dritto all'altare!»

Ridacchiai, mentre Levansi mi fissava con uno sguardo scettico.

«No, davvero! È stata una costante inquietante: quasi tutte le persone con cui ho avuto una relazione hanno trovato l'amore della vita poco dopo aver chiuso con me. Tralasciamo il dettaglio – tipicamente da Razzi Umani – che li vedeva fidanzati in tempi record, nemmeno un mese o due dopo aver passato almeno un'ora a dichiararmi amore eterno e a giurare che *"una persona come me"* non l'avrebbero mai più trovata.

Così ho iniziato a farmi qualche domanda: sono davvero così banale da essere rimpiazzabile in un lampo?

O forse, in un modo tutto mio, ho il gene dell'amore, ma per le altre persone?»

Levansi aggiunse in modo stringato: «Sono contento per lei.»

«Sì, sono felice anche io per lei e di non aver fatto finta di nulla per aderire alla regola del gioco etero normato...o darle un bacio la sera per poi sgattaiolare la notte nei battuage a scopare.»

Mi misi a ridere. Levansi invece aveva la faccia di chi doveva domandare qualcosa. Pena la completa disfatta dell'Universo.

«Dimmi, Levansi...»

«Cos'è un battuage?»

Risposi prontamente. Mi divertiva la domanda: «Ah, il battuage... è uno di quei luoghi sospesi, un po' nascosti e fuori dal tempo, dove la vita notturna incontra un certo tipo di ricerca, quella di un contatto fugace o di un'intimità fast fashion come i vestiti di Shein...» sì, ci stavo girando intorno più del previsto: «...è un posto d'incontro, sì, ma anche di contatti fisici ravvicinati e scambi di fluidi, diciamo, senza curriculum e senza domande di rito.

L'ho visto una sola volta, in realtà, giusto per chiudere la storia con un Razzo Umano... ma questa è tutt'altra storia!»

Levansi riprese da dove avevo lasciato il primo Razzo

Umano e mi chiese:

«Mi dicevi che con Pe hai conosciuto il dispiacere della disillusione. Cosa è successo?».

«Dopo un anno di relazione felice avevo notato che i suoi turni serali erano aumentati di gran lunga rispetto al passato. Pe era più grande di me e lavorava in un'azienda vicino al nostro paese.

Uscivamo con le stesse persone e la nostra relazione era di dominio pubblico. Ero in uno stato di grazia perché, almeno in apparenza, non c'erano state critiche sul nostro rapporto o allontanamenti sospetti per paura del *contagio* da orientamento romantico / sessuale. Vivevo in una piccola bolla felice. Ma, come tutte le bolle, era bella da vedere quanto fragile.

Ci vedevamo, solitamente, in una piazzetta del nostro paese e, quell'ennesima sera senza Pe, avevamo deciso di scolarci una bottiglia di Martini Rosso, in offerta al Penny Market. Alcolico che non ho poi più toccato per anni. Se ci ripenso ancora…brrr.»

Scossi le spalle ricordando con disgusto il Martini Rosso bevuto a caso in una sera infrasettimanale.

«Nella poca sobrietà del momento, anzi nell'assenza completa di raziocinio, chiacchieravamo tra noi. Parlavamo di ciò che all'epoca sembravano i "grandi problemi" come la scuola, la sveglia presto, il coprifuoco dei genitori, come è giusto che sia a sedici anni.

Tra i vari disagi, accennai alla mia tristezza per i turni serali che tenevano Pe così occupato. Notai un velo di imbarazzo calare sugli occhi delle quattro persone sedute sulla panchina.»

«Cosa era successo?» chiese Levansi.

«Non riuscivo a capire il motivo di tutto quell'imbarazzo e delle occhiate furtive che si scambiavano, come a chiedersi: *"Glielo diciamo o no?"*.

Insistetti, con tutta la mia antipatia, per scoprire cosa stesse bollendo in pentola. Silenzio totale. Insistetti ancora di più, finché uno degli amici, ormai stremato dal mio lavoro certosino di rottura di coglioni, sbottò e disse che Pe probabilmente era impegnato... con la sua ragazza.

Ragazza?

Sì, ragazza.

Scusa, hai detto ragazza? chiesi con la voce che quasi si spezzava.

Sì, ragazza.

E da quanto lo sapete? domandai, tra ira, rabbia e stupore.

Alla fine di quello che era diventato un vero e proprio interrogatorio su una panchina del paese, scoprii che lo sapevano da ben quattro mesi.»

«Cosa hai provato?»

«La parola tradimento non basterebbe ad esprimere la profondità del dolore che si era riversato nel mio cuore. Era come se un cappio invisibile si fosse stretto intorno alla gola, rendendomi difficile persino respirare.

Quella rivelazione rappresentò una ferita profonda, la mia prima esperienza amara. Il cuore, che fino a quel momento aveva battuto al ritmo della fiducia e del nostro amore, si era spezzato in mille frammenti. L'amarezza del tradimento si mescolava al dolore, come se una lama affilata mi avesse trapassato l'anima. Un po' drammatico vero?»

Levansi era in silenzio, senza parlare, ma sapeva in cuor suo che utilizzavo l'ironia per sdrammatizzare situazioni e storie come un sistema immunitario contro la tristezza.

Continuai:

«Era come se il mio mondo, prima così sicuro e sereno, fosse crollato improvvisamente. Pe, che aveva rappresentato la dolcezza delle prime volte e del primo amore, diventava l'inedito simbolo della mia ingenuità spezzata. Penso che in quell'istante il mio cuore infranto si rifletteva nei miei occhi diventati lucidi.
La consapevolezza che tutti gli amici e le amiche intorno a me sapevano della situazione aggiungeva un ulteriore strato di umiliazione, isolamento e tradimento collettivo.

Pensavo: *ma io chi cazzo ho davanti?*
Le coppie sono formate da un uomo e una donna. Mi fu data questa risposta alla domanda: *perché non me lo avete detto?*
La nostra coppia era qualcosa che non sarebbe andata lontana, una coppia di serie B. Non si sarebbe mai evoluta in qualcosa di più profondo come una convivenza o una famiglia.
Per loro sapere e tacere sulla relazione di Pe con una donna era del tutto normale: se non legittimo.
L'omertà era il loro urlo per comunicarmi a schiaffi che una coppia etero è quella che ha più valore: poi la gente si domanda perché la comunità Queer se la fa solo con persone Queer…lo imparai quella sera a mie spese.

Le persone che avevo davanti ignoravano che io potessi avere dei sentimenti, una sensibilità e un cuore rotto improvvisamente in mille pezzi dalla verità sulla nostra relazione e su cosa realmente pensavano di noi. Alla faccia del mio stato di grazia…era, in realtà, di dis-grazia! Al tradimento di Pe si aggiunse un altro "*merdaviglioso*" dettaglio: la ragazza che frequentava era una mia conoscenza: lavorava in un Pub che frequentavamo spesso.

La sera in cui chiesi spiegazioni, Pe mi guardò negli occhi con sguardo vitreo…sembrava un robot pronto a tirarti fuori una soluzione fredda e preconfezionata. Mi disse:

Cosa ti aspettavi? Io devo sposarmi, devo avere una moglie. Mi vedo un domani con una sposa, dei figli, un cane, andare ad abitare in una casa vicino ai miei genitori perché quella stanza non è adatta per una famiglia.»
«E tu come reagisti?»

«Ovviamente l'ho ucciso.
Scherzo.
Gli risposi prendendo il coraggio a due mani…sì, anche per mandare a fanculo una persona ci vuole coraggio Levansi!»

Levansi mi fissava e questa volta il suo sguardo mi comunicava: *Che palle, e muoviti a dare sta risposta!*
Senza il *che palle*, credo.

«Gli risposi:
Pe, stai dimenticando qualcosa, forse il dettaglio più importante. Nella tua lista di cose 'normali' e socialmente accettabili, sembra che la tua libertà e i tuoi veri sentimenti siano spariti. Forse perché, in quel quadro 'perfetto' che ti sei disegnato, di spazio per la verità non ce n'è.
Non c'è spazio per me: hai deciso che non valevo poi così tanto da comunicarmi, prima che mi innamorassi di te, cosa pensavi o cosa stessi facendo alle mie spalle.
Hai deciso di scambiare tutto per qualche sguardo superficiale di approvazione, rinunciando a noi solo per
infilarti in uno stampo che ti calza come una scarpa stretta. Ma certo, molto più comodo vivere la vita che gli altri si aspettano da te, anche se

significa soffocare tutto – soffocare me. Seguendo il copione, ti stai piegando in avanti… e no, non per fare un pompino. Anche se quello, probabilmente, lo farai la notte, dopo aver dato il bacio della buonanotte a tua moglie e dirle che stai "lavorando," proprio come facevi con me.

Bravo, complimenti. Sei un vero coglione.

Me ne andai e non rivolsi più parola a Pe»

«Non hai mai cercato di ritornare insieme a lui?»

«E perché mai?» mi girai a guardare il mare.

«Non ho mai pregato nessuna persona di scegliere me o stare con me.
Scegli me, ama me, bla bla bla…lasciamo queste battute *"sottone"* alla dottoressa Yang di Grey's Anatomy. Nella finzione.
Una relazione è una delle poche cose, in questo…quello…vabbè hai capito…ecco una delle poche cose al mondo, che ritengo goda della massima libertà di scelta.

Le relazioni sono come oasi di libertà in questo…ehm…in quel casino di obblighi e doveri che viviamo ogni giorno. Abbiamo la possibilità di scegliere con chi stare, di decidere chi vogliamo accanto a noi.»

Levansi aggiunse: «Poter fare questa scelta è una fortuna.»

«È un nostro diritto, non è una botta di culo, Levansi.

Anche perché l'era dei matrimoni combinati è finita.
Eppure, guarda un po', ci ostiniamo a restare con persone che ci creano problemi, con i Razzi Umani, oppure persone che sono socialmente accettabili perché siamo

inconsapevolmente dentro una rete invisibile di aspettative e giudizi e non ce ne rendiamo conto: chiamiamola pure una specie di mafia sociale!»

«Perché credi succeda?»

«Perché succede, dici? Auto-ingabbiarsi, accettare dinamiche che ci annientano, tutto per un velato senso di masochismo? Oppure piegarsi a ricatti subdoli, chinare il capo come se fosse un obbligo morale, e magari supplicare?
Penso che succeda perché abbiamo paura.»

«E di cosa, esattamente?»

«Scegli pure… paura della solitudine, della critica altrui, o semplicemente del giudizio che si posa su ogni nostra scelta: chi siamo, come ci esprimiamo, chi amiamo. E così eccoci lì, come brave leve, a seguire quello che la società considera "giusto" o "normale," anche se significa sacrificare la nostra libertà e impantanarci in relazioni che ci drenano.

Ma il bello – chiamiamolo così – è che una volta dentro non è mica facile scappare! Anzi, ci raccontiamo che in fondo sia una nostra scelta restare lì, quasi a convincerci che quei compromessi dolorosi siano la nostra prova di maturità, una tappa necessaria. E alla fine ci ritroviamo a legarci, a voler aggiustare tutto, magari per sentirci utili o indispensabili, anche quando il prezzo è altissimo.

Il paradosso? Non riusciamo a toglierci di dosso queste relazioni nemmeno quando ci rendiamo conto che, a lungo andare, ci stanno distruggendo. Abbiamo così paura di non trovare un'alternativa che preferiamo restare in prigione con qualcuno che non ci rispetta.
Ci illudiamo che persino una stabilità tossica sia preferibile al rischio di essere persone davvero libere, libere

di fare ciò che vogliamo e di rispondere solo a noi e alla nostra scala di valori.»

Levansi aggiunse un pezzo alla mia riflessione:

«È come se rinunciaste al vostro libero arbitrio in nome di una sorta di conformità sociale. È bizzarra la questione...»

Sorrisi ironicamente: «Esatto! Mi chiedo quanto barattiamo, barattavamo, quotidianamente il nostro libero arbitrio in cambio di relazioni che non rispecchiano veramente chi siamo.

Perché lo facciamo? È il timore della solitudine o la pressione sociale che ci spinge a compiere scelte che non rispecchiano appieno la nostra volontà?

Potremmo vivere nella calma apparente di una vita conforme, intrecciata ai fili invisibili delle aspettative altrui, dove ogni sguardo è un giudizio e ogni sorriso nasconde un silenzioso rimprovero.

Ma cosa saremmo, allora? Figure riflesse nei desideri delle persone "normali"? Ombre che si muovono al ritmo di convenzioni vuote? Personalmente preferisco vivere, ehm preferivo vivere, con l'incertezza, con l'inquietudine di chi cammina controvento, piuttosto che rinunciare alla libertà di amare chi voglio, di essere chi sono, senza scuse, senza compromessi. Molte persone rinunciano al rischio o al fuoco della passione riducendosi a maschere con occhi spenti che vivono solo per compiacere. Non c'è tranquillità che valga la libertà, non c'è approvazione che possa compensare la perdita di sé. La società può guardare, può giudicare, ma non potrà mai incatenare un cuore.»

«Cosa accadde dopo la rottura con Pe?»

«Sì, l'odio è un sentimento intenso, è pur sempre una forma di energia che muove qualcosa.

Ma l'indifferenza è come relegare una persona all'interno di un vuoto senza fine. È come se Pe fosse diventato un oggetto inanimato completamente insignificante, buttato nell'oblio.

L'indifferenza annulla la connessione umana. L'odio riconosce una persona perché è indirizzato. È una reazione.
Ma l'indifferenza? È come se la persona diventasse trasparente, incolore, priva di qualsiasi valore emotivo.»

«Perché dici sia peggio?» Levansi continuava a voler scavare nella mia riflessione.

«Perché l'indifferenza toglie dignità e visibilità a una persona, la trasforma in un fantasma, qualcosa da ignorare, da dimenticare. È come se non esistesse.
L'odio può essere irrazionale, ma è ancora una risposta. Continui a vedere l'individuo, anche se lo odi.»

«Quindi preferiresti essere oggetto di odio piuttosto che indifferenza?»

«In un certo senso, sì. L'odio, almeno, implica che ci sia qualcosa o una persona che conta abbastanza da generare una reazione. L'indifferenza, invece, è non esistere per qualcuno. Rimuoverlo dal suo mondo.
Credo che ogni persona meriti di essere riconosciuta, anche se in modi difficili o dolorosi. Certo, se non accadesse in queste modalità, sarebbe meglio.»

Mi fermai e continuai: «Ho riservato questo trattamento non solo a lui. Si è reso necessario l'oblio dell'indifferenza anche per altri Razzi Umani.»

«Capisco...» mi disse dolcemente.

«La mia prima relazione è stata un completo disastro.

A chi si dovrebbe dare la colpa?

*A lui, a lui...*potrei dire con sicurezza. Eppure, mi domando in modo ricorrente se la colpa dell'attivazione del Razzo Umano fosse nel mezzo, per una mia carenza o mancanza, oppure per qualche schema comportamentale di cui non mi rendevo conto e di cui ero vittima inconsapevole.»

Continuai e dissi: «Per concludere la storia. Dopo un altro anno circa, decisi di lasciare anche l'altro coro della Chiesa. Non era una Chiesa ma un susseguirsi di spiacevoli incontri come la ragazza di Pe che aveva pensato bene di venire ad ascoltare la messa nello stesso orario in cui cantavo.

Una domenica, dopo la funzione, mi raggiunse per complimentarsi della parte che avevo fatto da solista.

Cazzo vuole questa?

Poi pensai, calmandomi: *alla fine lei non c'entra nulla.*

Risposi con un grazie.

Lei poteva fermarsi qui? No.

Perché il poco ci fanno credere che non è mai abbastanza, come ti accennavo prima. Lei continuò e mi disse: *guarda che so tutto.*

E sti cazzi? Pensati subito.

Lo so, ero in Chiesa e non avrei dovuto. Ma, a ben vedere, se Dio è onnipresente, anche se avessi avuto quel pensiero in un altro posto poco sarebbe cambiato. Dio avrebbe comunque saputo.

La fissai negli occhi e le dissi avvicinandomi al suo orecchio:

Allora, splendore del cielo, dato che sai tutto...sai che se gli metti un dito nel culo viene in tre nano-secondi?

Arrossì e se ne andò.»

«Non pensi di aver usato un tono troppo duro con lei?»

«Ha iniziato lei.»

Levansi aggiunse subito: «Stai rispondendo come una persona di dieci anni colta a fare una marachella. Non hai provato neanche a dirmi che avevi diciassette anni quando è successo e hai risposto di istinto.»

«Ne avevo quasi diciotto, di anni, a dire il vero.
Hai ragione, dovevo imparare ancora molto. Abbi pazienza.»

«Tutta la pazienza di questo. Di mondo».
A suo modo Levansi aveva fatto una battuta.

Continuai:
«Il colpo di grazia, anzi, i colpi di grazia dal mio ufficiale allontanamento dalla Chiesa me li diedero insieme, la stessa domenica, anche due preti. Una combo micidiale, come se il grazioso ed elegante scambio con la ragazza di Pe non fosse stato già abbastanza nel giorno del Signore. Perché non abbondare?
Si presentò, dopo la ragazza di Pe, il rettore, anzi, il magnifico Rettore del seminario che aveva frequentato l'ex in questione. Hai presente quel posto di cui ti parlavo prima con i giochetti qui e lì nella scuola di *saremo ministri del Signore* ma mica ci prendiamo troppo sul serio?»

«Sì, ricordo.»

«Bene. Si mise ad ascoltare le prove del coro, con un'aria solenne, non appena la fidanzatina del Razzo Umano se ne fu andata.

Quando finimmo, mi guardò e chiese, con quella tipica espressione da santone moralista: *"Ma tu conosci bene Pe?"*

Ah, certo, in quel *"conosci bene Pe?"* c'era tutto il non detto, l'insinuazione. Sottotesto: *"Avete avuto una relazione, vero?"*

Così risposi tranquillamente di sì, sorvolando sul dettaglio che io e Pe non stavamo più insieme da mesi.
A quel punto, partì con una strigliata in grande stile: toni accesi, sguardo giudicante e la solita ramanzina su come la nostra relazione fosse un'eresia, una violazione delle leggi di Dio, della Natura e di qualsiasi altra entità celeste o terrestre, bla bla bla... un vero sermone, tutto sdegno e ipocrisia.»

«Cosa hai provato in quel momento?»

«Penso di aver assunto la faccia del PORCA TROIA.
Mi sentivo come davanti a una corte marziale ipocrita e omofoba. Non riuscii a trattenermi dal rispondere a tono al Don.
A mia discolpa, gli chiesi gentilmente, più e più volte, di terminare la conversazione, spiegandogli che il suo punto di vista mi metteva a disagio. Non gli dissi che avrei preso, di lì a breve, la grande vastità del cazzo che me ne fregava ma...insomma, Levansi, mi doveva mollare!»

«In che senso?»

«Sì, pardon. Intendevo dire che volevo mi lasciasse in pace, ma lui continuava...e continuava...e continuava.»

«E alla fine, cosa hai fatto?»

«Ho aspettato pazientemente che terminasse l'intero repertorio di accuse contro di me, con tanto di sermone incorporato. Sai, in un dialogo civile, di solito una persona parla e l'altra risponde solo quando ha finito, senza interrompere. Certo, a meno che non si tratti di un dibattito politico o di un programma TV trash, dove è d'obbligo parlarsi sopra per assicurarsi che nessuno capisca una mazza alla fine.»

Quando finalmente concluse, gli dissi:

"Ha finito? Bene. Lei ha la faccia come al culo, proprio quello che probabilmente si sarà fatto trastullare in seminario, infrangendo un voto che io, certamente, non ho preso: quello di castità. La vergogna più grande è la sua, per non aver mantenuto una promessa fatta sotto gli occhi di Dio. Nessuno l'ha costretta a prendere i voti, ma, da quello che sento, lei si è imprigionato da solo. Evidentemente la Chiesa ha bisogno di persone obbedienti e sottomesse, che si riempiono la bocca di precetti e fanno tutt'altro dalle dieci di sera in poi. La saluto e la lascio qui. Non mi segua e non mi parli più, se non vuole che bestemmi per la prima volta in una chiesa."

In quel momento mi fu chiaro quanto tutto, nella Chiesa, fosse così sbagliato e ingiusto.»

«In che modo?» mi domandò Levansi.

«La Chiesa, teoricamente un luogo di pace e conforto, era ormai diventata un campo di battaglia, dove l'amore e l'accoglienza si trasformavano in sentenze inappellabili sul mio modo di vivere. Era come trovarsi in uno di quei film gay stereotipati, dove il dramma è sempre dietro l'angolo, perché – si sa – bisogna per forza raccontare quanto la comunità soffra, soffra e ancora soffra. Per carità, capisco la denuncia, ma pare quasi che la nostra vita sia un martirio continuo, tipo quello di Santa Lucia!»

«Cosa hai fatto dopo lo scontro con il Rettore del seminario di Pe?»

«Andai in confessionale, sperando di trovare un po' di pace. La confessione mi regalava calma e mi alleggeriva i pensieri. Quella domenica avevamo un prete speciale, dall'Argentina, che confessava in occasione di una domenica particolarmente "santa".»

«Mi sembra tutto fuorché santa quella domenica...» aggiunse Levansi.

«Decisamente. Dicevo, ho pensato di confessarmi dallo special guest argentino dopo il piacevole scambio di battute con il Magnifico.
Iniziai a svuotare il sacco sui soliti peccati... avevo detto parolacce, avevo fatto pensieri impuri, avevo mandato a quel paese mamma e papà, avevo saltato deliberatamente la scuola, eccetera, eccetera. Poi mi venne la brillante idea di raccontargli della mia vita sentimentale e...»

«E?» mi incalzò Levansi.

«È stata un'idea del cazzo!» Sobbalzai dalla poltroncina, iniziando a gesticolare a caso.
Levansi si scansò, preso da un piccolo spavento.

«Oh! Scusami!»

«Non c'è problema. Ero concentrato ad ascoltarti e non mi aspettavo un gesto così improvviso! Ti prego, continua.»

«Il Don argentino mi rispose in tono pacato:

"Devi capire che è peccato avere questo tipo di relazione. Instaurare

rapporti duraturi e stabili che non siano tra uomo e donna e che non siano uniti e benedetti dal matrimonio è peccato, contro la parola di Dio. Ora che non hai più una relazione, non cercarne altre. Basta così."

Pensai: *e che cazzo, tutte oggi?*

Mi limitai ad esplorare ulteriormente ciò che mi aveva appena detto:
"Quindi, se ogni tanto ho un rapporto sessuale con un uomo, va bene… tanto mi assolve perché gliela faccio passare come un atto di cui mi pento, ma… non va bene avere una relazione stabile e duratura con un uomo perché non c'è assoluzione?"

Mi rispose con un secco *"Esattamente."*

"Quindi mi sta dicendo che va bene avere rapporti sessuali occasionali?"

"Se non ci sono, meglio, come per qualsiasi peccato. Delle sviste possono essere assolte, ma ti ripeto: una relazione stabile tra due uomini non può essere assolta."

E, come in una partita di ping-pong, risposi rapidamente:

"Ma io non glielo sto dicendo come se fosse un peccato, padre!"

"Dovresti", concluse. Iniziava a innervosirsi.

Gli diedi il colpo di grazia:

"Padre. Io rispetto profondamente la sua autorità spirituale, credo, ma non posso rinunciare alla verità della mia anima per conformarmi a ciò che è considerato accettabile agli occhi della Chiesa o ai suoi occhi umani e così limitati. Anche lei si rende conto che è una persona, giusto? La mia relazione, la mia prima relazione, era fatta di amore sincero, almeno per quanto mi riguarda. E, pensi un po', proprio chi fa

parte della vostra istituzione mi ha frantumato il cuore rompendolo in mille pezzi e senza rispetto!

No, non credo che l'amore possa essere giudicato in base al genere o al sesso. Anche noi abbiamo sentimenti, un'anima e, per quanto mi riguarda, il sacrosanto diritto di vivere tranquillamente senza l'ansia di vincere continuamente giudizi e schivare spade di Damocle. Il mio cuore è puro e la mia intenzione è sincera; non posso credere che Dio disapprovi. Sarebbe ipocrita da parte mia cercare il perdono solo per conformarmi a un'immagine di virtù che non rispecchia la mia verità più profonda. Dio ha voluto che fossi così, e solo Lui mi può giudicare. La saluto."

In quel momento ho pensato alla canzone *'Nessuno mi può giudicare"* di Caterina Caselli, dando per scontato che tu, Levansi, sappia di cosa sto parlando.»

Canticchiavo: *la Verità ti fa male lo sai, lo so che ho sbagliato una volta e non sbaglio piùùùùùù*…finché non ripresi il discorso.

«Uscii dal confessionale e dalla chiesa, con passo svelto, come se avessi rubato le offerte delle candele per le preghiere, con un senso di nausea. Avrei vomitato volentieri nella fonte battesimale posta all'ingresso della chiesa del paese ma sarebbe risultata come una scena con poco budget de *L'Esorcista*.

Nonostante le risposte a tono, non ottenni la mia assoluzione. C'era qualcosa di sottile in quelle condanne ripetute, un seme di dubbio che si insinuò nella mia mente. Il peso delle parole ascoltate in quel luogo si trasformò in una montagna insormontabile quando, a casa, la realtà si fece strada nella mia mente. Pensai di porre fine alla mia vita, come una fuga dal giudizio implacabile, in quel momento di vulnerabilità.

Lottavo contro un'ideologia che sembrava non accettarmi, cercando l'accettazione in un luogo che continuava a respingermi con sempre più forza. Poi pensai: *fermati un momento, te ne prego.*

Non potevo permettere che il giudizio e la disapprovazione avessero l'ultima parola su qualcosa che era mio: la vita. Quando pensai a questo, mi tornò in mente la storia di O.»

Presi un respiro e continuai:

«O. era un ragazzo che conoscevo appena. Lo incontravo a qualche serata nella città vicino al mio paese d'origine. Solite conversazioni da discoteca, finché, una sera, complice qualche Long Island di troppo, mi confessò che la situazione a casa era un disastro. Genitori cattolici, che non accettavano la sua omosessualità. Secondo loro, O. aveva qualcosa che non andava, qualcosa contro natura, contro le leggi del Signore. Lo portavano a messa ogni domenica, affinché potesse ascoltare la parola di Dio.

Quando gli chiesi quale potesse essere la soluzione, mi guardò negli occhi e disse: *"farla finita"*.

Mentre mi andò di trasverso il Long Island aggiunse rapidamente: *"sto scherzando, minchia a mano che non sei altro!"*.

Tornò sereno, si scolò il suo cocktail e, accendendosi una sigaretta, aggiunse che tutto sarebbe andato nel verso giusto. O. aveva diciassette anni e, di lì a poco, avrebbe potuto frequentare un'università lontano da casa, senza la petulante cantilena del "contro natura" o dell'inedito comandamento *"nascondi chi sei al Signore Dio tuo…e a tutto il mondo, già che ci sei"*.

Ma O. aveva deciso di farla finita.

Un suo amico me lo comunicò velocemente quando, scherzando, chiesi se si fosse fidanzato e si stesse comportando *"da bravo fidanzatino"* invece di venire in discoteca. Non potevo immaginare che la sua speranza si fosse trasformata in rassegnazione.

Nella penombra della mia stanza, in quell'istante in cui decisi di afferrare la vita invece di lasciarmi cadere nella rassegnazione, il ricordo della sofferenza di O. emerse come una lama fredda nel cuore. Mi scosse l'anima la consapevolezza di quanto avrei voluto che anche lui avesse trovato quella scintilla, che avesse scelto come me di non sprofondare. Nel silenzio soffocante, compresi quanto fosse devastante l'indottrinamento che aveva subito: un veleno sottile e implacabile, capace di insinuarsi nella mente e corrodere dall'interno. Questa è la vera ideologia che distrugge, quella che annienta la volontà e divora ogni autonomia. Altro che la tanto sbandierata e travisata *"teoria del gender"* – una falsa etichetta, usata come spauracchio per distrarre le persone dai veri problemi della società, mentre il vero veleno scorre indisturbato, là dove nessuno si preoccupa di guardare.

"Perdete la speranza di essere chi siete, voi che entrate": sarebbe uno slogan perfetto da appendere all'ingresso di ogni Chiesa. Dante insegna.

Pensai a quell'anima tormentata che, vittima di un sistema incapace di riconoscere la bellezza dell'amore in tutte le sue forme, aveva deciso che non c'era altra via d'uscita. Era una tristezza profonda, un dolore che mi grava ancora addosso come un macigno.

Avevo ancora nelle orecchie la cantilena delle parole della mia domenica movimentata, che marchiava a fuoco l'etichetta *"contronatura"* su chiunque non rispettasse i loro precetti. Non potevo certo liberarmi immediatamente della sua eco, eppure, con ogni fibra del mio essere, mi aggrappai alla speranza che un giorno quella melodia sarebbe cambiata. Decisi di essere la voce di un coro diverso. Non il coro della Chiesa, ma quello del cambiamento, un faro di luce per chi aveva perso l'orientamento nell'oscurità di un dogma implacabile. La mia battaglia non era finita; era appena iniziata, quella stessa domenica.

Quel giorno, quelle persone, quelle parole... furono la benzina per accendere con naturalezza le mie verità, per mostrarmi così come sono e trovare la forza di affrontare tutti i cambiamenti che la vita mi avrebbe posto davanti. Quel giorno, se ci ripenso ora, è stata una benedizione dal cielo.

Lasciai il coro e non rimisi più piede in Chiesa, se non per sacramenti di famiglia, come matrimoni, battesimi, funerali, eccetera. Mi limitavo a trattenere i commenti sulle omelie assurde che ascoltavo durante le funzioni: era la mia personale forma di ringraziamento nei confronti dell'istituzione per avermi fatto scegliere la speranza e l'amore per me anziché la rassegnazione e la fine.»

In quel momento il sole terminò la sua discesa verso l'orizzonte marino. Il cielo si colorò di blu, e le stelle iniziarono a riempire la volta celeste.

Potevo vedere distintamente una scia bianca formata da stelle, molto simile alla Via Lattea. In casa di Levansi si accesero alcune luci. Quei piccoli puntini luminosi non erano lampadine, ma piccoli spiragli che permettevano di osservare l'interno della casa.

Levansi si alzò e tornò con un piccolo braciere, ricolmo di carboni ardenti, che posizionò tra le nostre poltrone. Lo poggiò a terra e si sedette nuovamente.

«Come continua la tua storia?»

Levansi spezzò il silenzio, mentre io vagavo con lo sguardo tra l'interno della casa e il cielo. La volta celeste sembrava diventare sempre più scura per permettermi di scorgere le stelle.

«Vuoi sapere come andò avanti dopo Pe?»

«Esattamente.»

«Mi diedi alla pazza gioia nelle discoteche. Dissi a tutte le persone che mi circondavano, tranne ai miei genitori, del mio orientamento romantico-sessuale.»

«Come mai non lo hai detto ai tuoi genitori?»

«Perché non sentivo, in quel periodo, il bisogno di dirglielo. Stavo bene così. Per me era più importante che lo sapessero le persone con cui uscivo o con cui condividevo l'ultimo anno di liceo. Feci coming out anche con i miei professori...»

Levansi mi interruppe:
«Fermati. Stai mentendo a te e a me. Ma io non sono poi così importante.»

«Hai ragione. Non perché tu non sia importante, eh!»

Risposi in modo secco alla domanda di Levansi: «Non l'ho detto ai miei perché avevo paura.»

«Come mai?» chiese Levansi.
«Avevo paura che mi venisse tolto tutto, che mi portassero via ogni cosa. L'ho confidato a mia madre solo anni dopo, ma solo quando avevo già creato tutte le condizioni per mantenermi in completa autonomia: una casa, un lavoro, la sicurezza di non finire in mezzo a una strada. Ovviamente, trovo tutto questo terribilmente ingiusto.»

«Ingiusto nei confronti di chi?» chiese Levansi.

«Ingiusto nei confronti di mia madre perché, in mala fede, ho pensato che potesse cacciarmi di casa e non rivolgermi più la parola, rinnegandomi; e ingiusto nei miei confronti, perché pensare tutto questo di una madre, dandole il beneficio del dubbio, è orribile, ma, allo stesso tempo, necessario per la propria sopravvivenza.

Se non si provano queste sensazioni, non si potrà mai capire fino in fondo cosa provi chiunque appartenga alla comunità LGBTQIA+. Non sono solo lettere: siamo persone.»

«Quindi, per fare coming out, hai aspettato di avere tutte queste garanzie?»

«Sì, Levansi. A circa 24 anni. E ribadisco che non è affatto giusto vivere in un mondo nel quale non si ha la libertà di raccontare chi si è, senza prima dover calcolare ogni rischio, preparare piani di fuga A-B-C o, chissà, magari un piano Z…non si sa mai.

Non sarà che sei una persona paranoica?" penserà il genio di turno.

A queste persone dalla brillante deduzione, farei provare cosa significa crescere in una casa dove entrambi i genitori non hanno mai varcato un confine a più di cento chilometri dal proprio paese, chiusi in un mondo che non permette di guardare oltre i confini di casa propria. Inviterei a immaginarsi un padre che non si fa problemi a usare epiteti come "*frocio*" o "*checca*" mentre guarda il telegiornale e un'intera famiglia che si aggrappa con tutte le sue forze ai propri schemi mentali, come se il mondo dovesse esistere solo dentro quei confini ben delimitati.

Io, comunque, non ho mai rischiato. Avevo tutti i salvagenti possibili: piani, strategie, un'ancora di salvezza con fratelli e sorelle dalla mia parte. Perché, se mia madre avesse scelto di cacciarmi o bandirmi, avrei saputo che l'affetto di una parte della mia famiglia sarebbe rimasto immutato. Una fortuna, sì, ma quanto può essere amara una fortuna che si riduce a questo?»

«Come ha reagito tua madre?»

«Diciamo… con una reazione a più fasi. Eppure, avevo colto in lei qualche segnale di apertura.»

«Che tipo di segnali?»
«Ogni tanto, con aria apparentemente distratta, mi chiedeva: *"Ma a te piace la lei o il lui?"*.

Forse mi stavo illudendo, ma quella domanda, ripetuta, mi faceva pensare che il dubbio fosse già lì, sospeso nell'aria, e la sua voce pacata sembrava contenere, chissà, un minimo spiraglio di apertura. Così, dopo l'ennesima volta che me lo domandava, glielo dissi chiaramente, senza troppi fronzoli:

"Mamma, mi piacciono gli uomini e lo so da quando avevo sedici anni. Ormai lo sa praticamente chiunque, incluse alcune persone che conosci, che sono gay, lesbiche, bisessuali o pansessuali. Hai già avuto a che fare con tutto questo, lo sai."

A quel tempo non conoscevo persone non binarie, neanche io avevo ancora capito di esserlo!»

Levansi si voltò verso il mare, e con una voce curiosa, quasi scettica, chiese: «Ma perché hai tirato in mezzo altre persone che conosceva?»

Un sorriso malinconico mi attraversò il volto.
«Per sentirmi in compagnia. Ero io contro mia madre, e poche volte nella mia vita ho provato un senso di solitudine così… denso. Pensavo che, se avesse saputo di aver già incontrato persone queer a cui voleva bene, questo potesse aiutarla ad avvicinarsi all'idea, come se l'argomento, dopotutto, non fosse così "strano" o distante da lei. Forse avrebbe capito che amiamo e viviamo esattamente come chiunque altro.

Che cosa sarebbe cambiato se avesse saputo che a letto portavamo, semplicemente, chi amavamo?»

«E come reagì tua madre?»

«Dopo aver sentito la mia frase stitica e secca come la cacca di una pecorella…beh…rimase immobile. Eravamo nella veranda della nostra casa al mare. Cercai di mantenere il contatto visivo, ma, a un certo punto, per la tensione, scoppiai a ridere. Lei, vedendomi, pensò che fosse tutto uno scherzo. Iniziò quindi la prima fase di negazione.

Provai a convincerla nuovamente che stavo dicendo la verità…pensai: *possibile che devo stare qui a convincere mia madre di chi amo o di chi mi infatua la notte? Come può esser uno scherzo metter a repentaglio tutto e accettare possibili scherni e insulti o meno diritti in nome di un bello scherzo?*

Ora… va bene che possa sembrare una persona con qualche venerdì fuori posto, o direttamente saltato, ma anche io ho un limite per l'ironia a tinte forti.

Dopo averla finalmente convinta che non era uno scherzo e che stavo ridendo solo per la tensione, se ne uscì con: *"Eppure, in tenera età, non ti piaceva mica travestirti come l'altro sesso".*

Mi fermai un istante, inspirai, e con la pazienza di chi prova a spiegare che la Terra non è piatta, cercai di farle capire che un vestito non fa la persona e men che meno la sua sessualità. Parlavo di espressione di genere, ma evitai di avventurarmi nei dettagli di sfumature che le avrebbero creato più confusione che chiarezza.

Poi, non contenta, aggiunse: *"Dove ho sbagliato allora? Eppure, l'educazione che ho dato a te è la stessa che ho dato ai tuoi fratelli e sorelle…"*

Ecco, la carta del vittimismo passivo-aggressivo.

Continuai, sempre pazientemente, a spiegarle che non aveva sbagliato nulla, che vivevo una vita felice e appagata e che sì, avrei scelto di rinascere così altre mille volte. Insomma, alla fine dei conti è bello essere me, no?»

Ironia per smorzare, il mio grande classico.
«Pensavi fosse finita lì, Levansi? Macché…
Dopo qualche giorno, mi guardava in modo strano, come se avessi addosso un costume arcobaleno di My Little Pony, e alla fine mi disse: *"Ci ho riflettuto. Ma non è che c'è stato qualcuno che ha manipolato la tua mente, portandoti su questa strada? Lo conosco? Non dovevi dargli ascolto… secondo me è qualcuno più grande che ti ha fatto prendere questa strada."*

La teoria del plagio! Come se una qualche entità della galassia di Andromeda avesse complottato contro di me per farmi diventare così. Misericordia!»

«Ti scoccia parlarne?» mi chiese dolcemente Levansi.

«No, no. È solo che poi è arrivata un'ulteriore fase, l'ultima. Ed è stata anch'essa, sorpresa, orribile.

Mi chiamò per raggiungerla nel giardino della nostra casa al mare. Le vacanze estive erano ormai agli sgoccioli, quindi doveva affrettarsi a sganciare l'ultima bomba. Camminavo lentamente, come in una solenne processione. Non avevo certo fretta di andare a sentire l'ultima assurdità del giorno.

Con voce sottile, mi disse:

"Sai, non riesco più a dormire bene. Mi agito nel letto, mi giro e mi rigiro senza trovare pace. La notte è lunga e il panico sale, e non riesco a smettere di pensare a quello che mi hai detto."

Sapevo che dovevo risponderle. Restare in silenzio avrebbe solo aggiunto un'altra frattura tra noi, e quel pensiero mi faceva male. Presi fiato e decisi di parlare, di affrontare quella tempesta, anche se ogni fibra del mio essere desiderava fuggire.

Le dissi:

"Non ti sembra di esagerare? Prendi una camomilla o parlane con qualche amica... e se le tue amiche sono così stronze da giudicarti, primo, non sono vere amiche, e secondo puoi sempre rivolgerti a un'analista. Ho paura che tu ti senta in imbarazzo per me. Se fossi orgogliosa di chi sono, orientamento romantico-sessuale compreso, parleresti in modo fiero di me a tutte le tue amiche, o ti confideresti con qualcuna per sfogarti.

Mi rendo conto di aver infranto il tuo sogno di essere nonna o di celebrare un matrimonio sontuoso, però, mamma, ti ricordo: prima inizierai a essere felice di ciò che hai, anziché dispiacerti di ciò che non hai, e prima ti sentirai più serena. Io sono felice, ho un lavoro, una casa, sto bene economicamente e ho tante qualità che metto a disposizione del prossimo. Al giorno d'oggi, penso che ci sia da ringraziare per tutte queste qualità e non disperarsi perché ne manca una su cento! Che poi, mancare...ti posso assicurare che a me non manca un bel cazzo di niente!"

Pensavo, per una volta, di averla messa con le spalle al muro, costringendola a riflettere e magari a liberarsi un po' da tutta quella nebbia di paure. Certo, era paradossale doverla convincere, manco fossimo in una televendita, che essere queer è una cosa bella e innocua! E come se non bastasse, le avevo pure portato argomentazioni sul mio benessere materiale, lavorativo ed economico!»

«Ho paura non sia stato così» mi rispose Levansi.

«Esattamente.

Con voce di sfida mi disse:

"Sai, ho problemi al cuore. Mi hanno trovato un'aritmia cardiaca. È colpa di quello che mi hai detto."

Fu orribile ascoltare quelle parole, che suggerivano fossi io la causa del suo malore. Mia madre tentò, seppur inconsapevolmente, di demolire ciò che ero con un drammatico, e splendido allo stesso tempo, senso di colpa. Rimasi in silenzio. Mi accorsi di non avere difese contro quell'attacco. Non sapevo cos'altro fare.»

Mentre parlavo, sentivo la voce spezzarsi e gli occhi inumidirsi. Non mi spiegavo come fossero possibili queste reazioni fisiche, dato che, tecnicamente, non possedevo un corpo.

Continuai:

«Avvertii un peso schiacciante sul petto, come se le parole di mia madre fossero lame affilate che affondavano nella carne. Il senso di colpa mi colpì in pieno, mescolato al dolore sordo di vedere la donna che si era presa cura di me soffrire per una parte di me che non potevo cambiare. Per un istante, sentii la tentazione di cedere, di dire che era tutto uno scherzo, di riportare il sorriso sul volto di mia madre, anche se significava rinnegare tutto.

Ma dentro di me sapevo che farlo sarebbe stato un tradimento più profondo, non solo nei miei confronti, ma anche verso l'amore che provavo per lei. Il mio cuore, seppur ferito, si riempì nuovamente di una determinazione silenziosa.

Scelsi nuovamente l'amore per ciò che sono: una scelta dolorosa ma necessaria. Sapevo che dire la verità avrebbe potuto incrinare il nostro legame; tuttavia, nutrivo una flebile speranza che, con il tempo, le cose si sarebbero aggiustate. Una bugia, invece, avrebbe distrutto tutto, e per sempre.»

«Come si concretizzò la tua scelta?» domandò Levansi.

«Dopo un paio d'anni di analisi, arrivai alla consapevolezza di non dover più giustificare o spiegare a nessuno, mamma compresa, la mia esistenza. Non potevo più passare la vita cercando di soddisfare le sue aspettative o ascoltando teorie assurde su malattie psicosomatiche per aver rivelato una parte di me.

La mia felicità non poteva dipendere dal fatto che lei comprendesse o accettasse chi ero.

La vita che un genitore dona a una figlia, o a un figlio, è un dono disinteressato. È come se regalassi un soprammobile a una persona e poi le dicessi:

"Eh no! Quello non lo devi mettere sul camino, lo devi mettere qui perché te l'ho regalato io e mi aspetto che stia lì."

L'aspettativa…è un veleno silenzioso che affligge anche i genitori. Vivono di aspettative verso i figli, li immaginiamo come persone perfette, dotate di poteri speciali, quando in realtà sono esseri umani con pregi e difetti.

L'errore di mia madre fu quello di concentrarsi sulle aspettative socialmente accettate, quelle che ti fanno fare bella figura al gioco di cui ti parlavo prima. Aspettative comode, normali, riprodotte in serie, come i mobili dell'Ikea, accompagnate dal pensiero insistente di ciò che la gente avrebbe detto alle sue spalle. Aspetta, Levansi, no, non era solo un pensiero. Era paura. La paura le impediva di comprendere che esistono tanti altri modi di vivere e di amare.

Ma sai qual è l'altra grande consapevolezza che ho acquisito nel tempo e che, forse, ti sembrerà di una banalità disarmante?» chiesi a Levansi, con un sorriso sarcastico.

«Quale?» domandò lui, incuriosito.

«Che vivere la mia vita non fa male a nessuno! Mai e poi mai capirò come si possa sentirsi minacciati da un rapporto sessuale che non segue il copione del maschietto con la femminuccia. E così, oltre alle domande che già affollavano la mia testa, ne sono spuntate altre, come i funghi per un pollo alla cacciatora ad hoc.

A chi fanno male o danno fastidio le relazioni affettive e i rapporti sessuali non etero?

Che succede, ci si ama in modo diverso e si scatena una guerra nucleare?

Qualcuno ci si sente appartenere a entrambi i generi, all'improvviso la tettonica a placche va a puttane?

Se due uomini, due donne, o una persona single vogliono adottare, le famiglie tradizionali evaporano magicamente?

E se sei Queer, rischi di far esplodere una guerra mondiale con tanto di genocidi e bombe all'idrogeno?

La risposta, almeno nella mia testa, è stata sempre un NO secco, scolpito a caratteri cubitali e indelebili. Perché, diciamocelo, i veri problemi della società, e pure del pianeta, quello che ho lasciato, da chi sono stati causati? Dalle cosiddette persone "normali". Sai, quelle che ci tengono tanto a dettare regole e a farci la morale.

Prendiamo le guerre, ad esempio. Tutte quelle simpatiche beghe planetarie – i veri disastri – sono da sempre le *guerre dei falli:* orchestrate da maschi etero cis-normati impegnati in un'eterna gara a chi ce l'ha più grosso. Nel frattempo, migliaia di vite saltano in aria, letteralmente. E per cosa? Per un Dio che, ironia della sorte, dovrebbe creare la vita ma viene sventolato come bandiera in conflitti che la distruggono. Se questo non è un paradosso cosmico, dimmi tu cosa lo è.

Se ripercorriamo la storia, una cosa salta all'occhio: non esistono tragedie di queste proporzioni causate dalla comunità Queer. Eppure, secondo certi gruppi estremisti, siamo noi la minaccia! Insomma, queste care creature ci attribuiscono il potere di scatenare cataclismi epici e sociali, senza uno straccio di prova storica. Non è adorabile?

Ma lasciamo stare i cataclismi e torniamo a un livello basic come le maglie di Zara: quanto sono carini certi maschi etero cis che si prendono gioco o, peggio ancora, picchiano gli uomini gay senza rendersi conto che, a conti fatti, stanno solo diminuendo la concorrenza?»

«Hai esposto il concetto in modo più che esaustivo. Non fai del male vivendo la tua vita. Come si è evoluta la tua scelta?» chiese Levansi, riportandomi ancora una volta sulla strada maestra del discorso.

«Io voglio bene e amo mia madre, come prima. È quasi impossibile spezzare il legame di amore che mi lega a lei, e non credo che valga solo per me. Sai cosa mi ha aiutato a non lasciare che l'amore si trasformasse in astio e tensione? L'empatia. È diventata la chiave per comprendere e accettare le persone, soprattutto quando queste sono molto importanti per me.»

«Cos'è per te l'empatia?» chiese Levansi.

«È un sentimento avvolgente, è riuscire a percepire l'essenza dell'altra persona, come il profumo che impregna una coperta calda. L'empatia mi ha insegnato a guardare oltre la superficie delle cose, a sondare la profondità dei sentimenti e delle esperienze. Ho capito che mia madre, nella sua apparente mancanza di comprensione, era intrappolata nelle convinzioni di un tempo, che le avevano impedito di aprire la mente alle varie sfaccettature dell'amore.

Con l'empatia, ho imparato a vedere le sfumature di grigio, a riconoscere che il suo punto di vista era il risultato di una serie di esperienze e insegnamenti che non si possono cambiare facilmente. Ho capito che il suo mondo, quello in cui è nata e cresciuta, forse non le aveva mai permesso di cogliere appieno il significato e la bellezza della diversità.

L'empatia mi ha dato la forza di non vedere la sua mancanza di comprensione, le sue scuse, o le sue teorie come atti di malvagità, ma come il frutto di una storia complessa. Ho scelto di offrirle il mio amore e la mia pazienza cercando di educarla con rispetto e gentilezza, invece di condannarla per la sua incapacità di vedere oltre le barriere culturali. E, dopo averle fornito tutti gli strumenti possibili, non ho più sentito come un mio affanno il bisogno di verificare che avesse capito. Tutto qui. Ho accettato ciò che era, l'ho compresa, le ho dato il mio punto di vista e ho abbandonato la presa di quella fune che avrebbe continuato a lacerarmi i palmi.

Non volevo più arrabbiarmi. Qualcuno, Buddha, diceva che la rabbia è come trattenere in mano un carbone ardente: chi ne esce ferito è chi lo trattiene nel palmo della mano.

Certo, mi spiace che non voglia ascoltare o conoscere una parte della mia vita. Ma è proprio questo il punto: è la mia vita. Anche se è mia madre, la mia vita non le appartiene. Io non sono un genitore, Levansi, e non saprò mai cosa si prova.»

«Ti spiace?» chiese Levansi con dolcezza.

«No. A prescindere da chi sono o da come mi identifico non ho mai pensato di diventare genitore. Ma, se mi immaginassi in quel ruolo, il mio più grande trionfo sarebbe che si fidasse di me al punto da condividere ogni genere di argomento senza timore o riserve.

Un cuore ben educato appartiene a chi ascolta, con pazienza e rispetto, punti di vista e idee diverse dalle proprie. Se fossi quel famoso genitore, mi dispiacerebbe molto non poter ascoltare le esperienze e le storie d'amore di mio figlio o di mia figlia o chiunque voglia essere.»

Levansi osservò, con un tono riflessivo: «Dopo queste scelte, hai provato a raccontare a tua madre delle tue storie d'amore finite...»

«Nel cesso? Sì, Levansi. Nonostante tutto continuavo. Anche se in versione breve oppure quando intuivo ci fosse un minimo di apertura da parte sua. Oltre all'empatia, ho anche una gran dose di speranza, ben stivata nel bagagliaio e no, non parlo di quel posteriore che non possiedo: Madre Natura quel giorno aveva esaurito le chiappe...»

Levansi sorrise e poi chiese: «Tua madre ha continuato a darti la colpa dei suoi malesseri?»

«Col tempo, sempre meno. Ma quando lo fa, le ricordo ciò che le dissi un giorno al telefono per trovare un po' di felicità o di serenità. Qualcosa per viver meglio:

"Prima inizierai a essere felice di ciò che hai, anziché dispiacerti per ciò che ti manca, e prima ti sentirai più serena."

Sorrido pensando a come, anche se in modo imperfetto, ho trovato una via di fuga da quel circolo vizioso, potenzialmente senza fine. Avevo creato una falla contro il suo rigido muro.»

«E tuo padre?» chiese Levansi, tornando su un argomento delicato.

«È... era... anziano ormai. Ho sempre pensato di lasciarlo nel dubbio, senza espormi troppo.»

«Pensi che tua madre gli abbia accennato qualcosa?»

«No. Mi aveva raccomandato di non dirlo a papà, temendo che ne sarebbe rimasto sconvolto. Effettivamente, non era una teoria infondata. Per dirne una, mio padre ebbe un malore quando decisi di lasciare una grande multinazionale con un contratto a tempo indeterminato per aprire la partita IVA e lavorare in proprio. Non me la sono sentita di rischiare.»

«Mi sembra, però, che ci sia dell'altro...» osservò Levansi, con uno sguardo attento.

«Ah, Levansi,» sospirai, alzando gli occhi al cielo.

«C'era anche una mancanza di connessione emotiva, una distanza che rendeva inutile il bisogno di aprirmi con lui. Eravamo come due astri che non si incontrano mai. Crescere accanto a lui è stato come osservare un mondo dall'altra parte di un vetro: lo vedi, ma non puoi toccarlo, non puoi attraversarlo. Mio padre era fatto di doveri e di tradizioni, di silenzi pesanti come macigni, e io imparai presto a non cercare di abbattere quella distanza. Era come se i nostri percorsi fossero destinati a non incontrarsi mai, paralleli e distanti, portatori di vite diverse.

Un giorno, mentre stavo sistemando alcune delle vecchie cose di mio padre, trovai una scatola di fotografie e lettere che risalivano a molto tempo prima della mia nascita. Quelle immagini e parole raccontavano un lato di lui che non conoscevo, o che forse non avevo mai voluto vedere: un giovane uomo sorridente, in posa con gli amici, leggermente disinvolto. Non sapevo cosa pensare. Era come se in quella scatola ci fosse una versione diversa di mio padre, qualcuno che il tempo e le responsabilità avevano trasformato in uno sconosciuto per tutte le persone che lo circondavano; mi domandai quel giorno: è questo ciò che succede quando aderisci a un modello di famiglia *"tradizionale"*?

Questa consapevolezza mi ha dato una strana sensazione di libertà. Non sentivo più il bisogno di dimostrargli nulla, né di cercare una sorta di approvazione che probabilmente non sarebbe mai arrivata. Ma quella libertà arrivò anche con un prezzo. In ogni scelta, in ogni percorso, portavo il peso di quel silenzio, di quella distanza mai colmata. Sentivo su di me l'ombra delle parole mai dette, dei gesti mai fatti, di una comprensione che non sarebbe mai sbocciata.

Anche quando parlavo di me, delle mie passioni e di come vedevo il mondo, era sempre come se stessi parlando a un muro, incapace di trasmettere a lui chi fossi davvero. Negli anni, ho imparato a convivere con questo vuoto. Ho cercato di colmarlo con amicizie, relazioni, e momenti che ho costruito con le mie mani. Eppure, a volte, soprattutto nei momenti di quiete, quel vuoto tornava a farsi sentire, come una eco lontana che mi ricordava la distanza tra noi.

Mi accorsi, però, che avevo trovato una famiglia in altri luoghi, in altre persone. Quella accoglienza era per me una novità, una scoperta che inizialmente mi fece persino paura, come se non fosse possibile, come se stessi tradendo qualcosa.

Tuttavia, capii che il mio posto non era mai stato in quella casa, in quel modello prestabilito.

Il mio posto era là fuori, nel mondo, tra le persone che sapevano amarmi senza condizioni, senza pregiudizi. Era una verità che non avrei mai potuto spiegare a mio padre o a mia madre, e finalmente, dopo anni, accettai che non era necessario farlo.

La mia era una battaglia silenziosa, di quelle che vinci

semplicemente scegliendo di essere come sei e costruendo una vita sulle tue scelte ignorando con assoluto disinteresse i moralisti di turno, quelli che proclamano, come fosse una verità universale scolpita nella pietra, che la famiglia è solo una semplice formula matematica: uomo più donna più prole.

Stop.

Nessuna "X" o "Y" aggiuntiva a complicarne l'equazione: perché complicare quando possiamo vivere nella beata e semplicistica ignoranza senza sforzo?

Ora, non è un po' curioso, se non ridicolo, che certe menti si limitino a questa visione ridotta, dimenticandosi del piccolo dettaglio che gli stessi esseri umani hanno inventato ogni genere di famiglia possibile e immaginabile? Dai nonni che crescono i nipoti, ai fratelli e sorelle che diventano genitori per scelta o per necessità, alle famiglie patchwork di genitori divorziati, famiglie omogenitoriali, persone senza legami di sangue che diventano famiglia e persino coppie senza figli.

E se ancora non basta che dire del regno animale che ci regala ogni sfumatura possibile di cura parentale? Dai pinguini maschi che covano insieme le uova, alle leonesse che formano matriarche corali, ai cavallucci marini maschi che portano avanti la gravidanza. Mi domandavo, per chi è convinto che esista solo la famigerata "formula perfetta", se queste realtà potevano sembrare pura fantascienza.

È ben diverso dire che la famiglia è *"anche così"* anziché *"è solo così"*. In quella piccola differenza, che è tanto sottile quanto pesante, ci passa la libertà di pensiero e il rispetto per l'esistenza delle altre persone... o, se la guardi dal lato sbagliato, la strada va dritta verso l'ignoranza e l'intolleranza. Non trovi?»

Levansi rimase in silenzio e io girai lo sguardo per

contemplare l'orizzonte davanti a me e la volta gremita di stelle che sovrastava le nostre teste.

NOTTE

Improvvisamente, un'ondata di nostalgia mi colse: realizzai appieno, in quel momento, di non far più parte della mia stessa vita. Sempre ammesso che qualcosa mi fosse mai appartenuto davvero.

Cos'era davvero mio in quella vita fatta di scelte obbligate e libere? Avevo seguito il copione, avevo studiato e avevo trovato un lavoro in un luogo che amavo e mi permetteva di esser chi ero senza riserve o "filtri" vari. Avevo avuto l'opportunità di conoscere la filosofia buddhista e indiana, ricevendo spunti preziosi per lavorare su di me e trasmettere ad altre persone ciò che avevo imparato.

Ma cosa mi apparteneva davvero, se tutto ciò che restava, alla fine, era solo questa forma, simile a quella che avevo sulla Terra, un affascinante interlocutore e un porticato davanti al mare, di notte?

«Sembra che la nostalgia sia venuta a trovarti» Levansi spezzò il silenzio apparente del porticato.

«Ecco,» risposi, «mi chiedevo quando ti saresti intromesso nei fatti miei intrufolandoti nella mia mente.»

«Non leggo la mente, ma non stiamo parlando di me.»

rispose con sicurezza. E, in effetti, un po' insolentemente.

«Sì, Levansi, provo nostalgia. Ho avuto la fortuna di conoscere filosofie e discipline che mi hanno insegnato che le emozioni non definiscono chi siamo. Certo, possono influenzare il nostro stato d'animo, ma in passato confondevo le emozioni con la mia essenza. Ora so che non sono ciò che provo.»

«E come l'hai capito?» ribatté Levansi.

«È stato difficile, ma non impossibile, caro mio. Ops, mi è scappato...»

Non gli diedi il tempo di rispondere e continuai:

«Ho fatto caso a quella cosa chiamata impermanenza; tutte le emozioni, per quanto sembrassero durare un'eternità, prima o poi mi abbandonavano. Generavano reazioni o azioni, sì, ma volavano via, come foglie sospinte da una folata improvvisa.

Ora sto osservando la nostalgia, canaglia, e come possa cambiare il mio sguardo, la mia voce, la qualità dei miei pensieri e il mio ottimismo. Lo stesso vale per le emozioni piacevoli, ma ho notato che tendo a percepire il tempo in modo diverso a seconda della natura dell'emozione. Due minuti di tristezza sembrano più lunghi di due minuti di piacere, vero?

E ti dirò di più...»

Mi alzai dalla poltroncina, avvicinandomi al parapetto che dava sul mare.

«Tendo a trattenere più i ricordi spiacevoli rispetto a quelli piacevoli. L'ho notato su di me e sulle persone che conoscevo: le piccole o grandi fortune passano inosservate, mentre i piccoli o grandi imprevisti sembrano più interessanti. Ho capito quanta ingratitudine provassi verso ciò che di bello mi arrivava. Non gioiamo di ciò che abbiamo. Aneliamo a ciò che manca, come mia madre.

Perché, dai Levansi...» dissi con tono complice, voltandomi verso il parapetto in legno del porticato, «siamo persone ingrate. E mai come ora mi rendo conto di quanto poco apprezzassi ciò che avevo.»

Levansi rimase in silenzio per un istante, poi si avvicinò e mi osservò.

Percepivo quello sguardo "verde" posarsi sul mio viso. Un modo di osservare delicato, lontano da quegli sguardi invadenti che mi facevano sentire come un pezzo di carne al macello.

Il suo sguardo, se dovessi descriverlo, era simile a un rituale di meditazione. Potrei paragonarlo a un'osservazione consapevole del respiro. Era come se si posasse su di me con la leggerezza di una foglia che, staccatasi dal ramo, danzava dolcemente fino a toccare la superficie di uno specchio d'acqua. Leggero eppure penetrante, faceva sì che mi sentissi parte di una delicata coreografia.

In quel momento, imparai che la delicatezza del suo sguardo era un dono raro, una connessione silenziosa che andava oltre le parole. Ogni dettaglio del mio essere sembrava osservato con una calma accogliente, senza giudizi. Una finestra sull'anima che abbracciava bellezza e imperfezioni con la stessa cura.

«Sì???» Mi girai verso di lui, fissandolo negli occhi.

«E com'è andata dopo Pe?»

«Ah già!» sorrisi e passai una mano tra i capelli.

«Come ti dicevo, iniziai a divertirmi nei locali, locali.»

Lanciai uno sguardo a Levansi per vedere se avesse afferrato il gioco di parole. Lo colse. Continuai:

«Durante quel girovagare ho avuto la fortuna di sperimentare l'approccio dal vivo. Una cosa non più di moda, sostituita da social e chat dove le identità sono costruite in un mondo virtuale con foto piene di filtri neanche fossero depuratori d'acqua.
Da un lato queste modalità facilitavano le persone timide, ma, dall'altro, toglievano la bellezza e il brivido del prender il coraggio a due mani e fermare qualcuno iniziando un dialogo in cui pensi che tutto ciò che stai dicendo è tremendamente sbagliato…o una serie di cagate pazzesche!

Ma, prima che tu mi taccia dicendo che sto andando a largo come una boa in preda alle onde del mare…» dissi ridendo «…ti racconto delle mie serate da teenager.

Beh, Levansi, diciamocelo, ho sperimentato e limonato tanto.
Una persona una volta mi disse che un *"limone non si nega a nessuno"*. Era il mio motto. Di baci con il *"carpiato"* ne ho dati, soprattutto all'inizio della fine della mia relazione con Pe.
Ero single, giovane e felice.»

Ancora una volta, Levansi mantenne la sua espressione imperturbabile, cosa che trovavo tutto sommato divertente.

«Una sera in discoteca un ragazzo si avvicinò mentre ballavo e mi disse che c'era qualcuno che voleva conoscermi. Concordammo di incontrarci. Lo salutai e mi rispose con un secco: *"ciao, ci vediamo"* lasciandomi con un alone di mistero. Era come una preview degli incontri al buio prima dell'era delle chat. Il destino si diverte a essere avanti, eh?»

«Lo so» replicò subito.

«Dopo circa una settimana ci incontrammo e conobbi il fantomatico mandatario di *"cupido"*: Gp.
Fanculo a quella sera, aggiungerei.»

«Prego?» chiese Levansi.
«Avresti detto anche tu *"fanculo a quella sera"* se lo avessi trovato in un battuage con due persone! Ops, ti ho spoilerato il finale.»

Cento punti a Vì per mantenere la suspence di una storia!

«Raccontami meglio» disse Levansi, sempre impassibile.

«Gp. era, ed è, un Razzo Umano mitologico basato sulla menzogna. Se ripenso a tutte le cazzate che mi ha raccontato...»

«Descrizione colorita» commentò Levansi.

«Sai, potrei renderla anche più colorata di una maglietta di Desigual!

La nostra storia durò quattro anni, un'avventura intensa e caotica, piena di bugie, intrighi e tradimenti. Proprio come nella sigla di Xena, con colpi di scena che non mancavano mai.
Avevo appena compiuto diciotto anni, e lui ne aveva quattro più di me. Era decisamente più smaliziato: sapeva esattamente come prendermi per il culo.
Ci incontrammo per la prima volta grazie a "cupido", il

suo migliore amico, che aveva organizzato una serata di conoscenza tra me, Gp...e...tutti i rispettivi amici, miei e loro!

Forse oggi lo chiamerei *"appuntamento al buio ma con garanzie umane di salvataggio in extremis in loco"*.

Appena giunsi con i miei amici nel luogo dell'appuntamento legai subito con "cupido", un tipo allegro e socievole, il classico amico che tiene banco in ogni conversazione e sa come far sentire qualunque genere di persona a proprio agio. Quando finalmente mi presentò Gp., rimasi a bocca aperta: era decisamente affascinante. Più alto di me, con un fisico asciutto e nervoso, piercing sparsi qua e là e capelli neri come l'henné indiano, ma con un ciuffo verde fluo che spuntava dietro la testa. Quel look finto trasandato, con una camicia di flanella e le sue Vans consumate, era proprio il genere di fascino ribelle che non mi dispiaceva affatto.

La serata, nonostante non fosse un appuntamento a due, era perfetta per conoscersi meglio. Un loro amico aveva organizzato una festa nella sua villa al mare, un luogo magico, lontano dalla città, immerso nel silenzio interrotto solo dal fruscio del vento tra i pini. La villa era circondata da una piccola pineta, con amache sparse tra gli alberi, dove i nostri amici si rilassavano sorseggiando birra e chiacchierando. L'aria profumava di resina e salsedine, e la musica in sottofondo accompagnava i nostri discorsi con leggerezza.

Io e Gp. finimmo per stenderci insieme su una di quelle amache, fianco a fianco. Parlare con lui era facile, e al tempo stesso eccitante: ridevamo, scherzavamo, con gli altri ragazzi attorno che continuavano a divertirsi. Il tempo passava senza che ce ne accorgessimo, e a un certo punto ci ritrovammo in silenzio, gli occhi puntati verso il cielo stellato, con le chiome dei pini a fare da cornice. Guardandoci, ci avvicinammo lentamente fino a baciarci. Fu un bacio senza parole, sotto un cielo che, a suo modo, sembrava quasi benedire, o forse maledire, quell'inizio così imprevisto.

Da quella sera, iniziammo a frequentarci. Ma ogni tanto, con "cupido", accadeva qualcosa di strano...»

«Cosa?» domandò Levansi.

«Avevo la sensazione che la nostra intesa sembrasse andare oltre l'amicizia. All'inizio pensavo fosse tutto nella mia testa, poi le avance diventarono esplicite e molto reali. Provai a resistere ma dopo tre anni di relazione, cedetti. Fu la prima e unica volta che tradii una persona con cui avevo una relazione.

Quella sera tornammo insieme ai nostri amici, e uso il maschile perché erano tutti uomini gay cisgender, nella stessa casa al mare dove avevo conosciuto Gp.
Bevemmo alcol di scarsissima qualità; d'altronde i budget erano limitati. Iniziammo a ballare e tirammo fuori parrucche, abiti e tacchi alti. Non ricordo esattamente da dove arrivassero tutti quegli accessori. Che uno di loro fosse una Drag Queen?

Comunque.

Avevo bisogno di una pausa. E di una sigaretta. Controllandomi le tasche ricordai di averle nel marsupio lasciato nella camera da letto degli ospiti.
Entrai nella stanza e sentì un improvviso sussulto di adrenalina. Un'ombra si materializzò dietro di me, mi voltai e mi ritrovai di fronte "cupido".
Il contatto visivo tra noi era carico di un significato che non riuscivo a cogliere. Sapevo che quello che stava per accadere era sbagliato, ma qualcosa in me, una forza irresistibile, mi spingeva verso un inevitabile punto di non

ritorno. Era come se il destino avesse tessuto i fili di quella connessione proibita ma in quel momento non potevo e non volevo fermarmi.

Gio, il migliore amico di Gp., non disse una parola, parlavano già i nostri sguardi. Una tensione carica di desiderio e segretezza pervase la stanza, amplificata dal suono ovattato delle canzoni di Cher che andavano nel soggiorno della villa.

Gp. era fuori per un esame all'Università da un mese.

A diciotto anni sembrano tre anni. Accadde, quindi, l'inevitabile che non poteva, o voleva, esser evitato.

E fu bello. Molto bello, aggiungerei».

«Cosa hai provato dopo?»

«Mi sentivo una merda…»
Risposi repentinamente.

«Perché?»

«Avevo tradito, avevo tradito il mio dovere a esser fedele.»
«Dovere?» Levansi mi interruppe in modo brusco: «perché consideri la fedeltà un dovere? Potrebbe esserci dell'altro in questa tua affermazione?»

Fissai per un momento il vuoto con sguardo pensieroso.
«Sai,» dissi con un sospiro, «ho imparato quella volta che la fedeltà è come un vento capriccioso che cambia direzione senza preavviso.»
«Che intendi, Vì?»
Sorrisi verso Levansi e continuai:
«Penso alla fedeltà come a un'identità mutevole. Un giorno ci credi con tutto il cuore, come credo nella mia identità di genere, e il giorno dopo potresti sentirti alla deriva, con una profonda incertezza.»

«Quindi la fedeltà è fragile?»

«Non proprio fragile, ma certamente mutevole» risposi. «Come la nostra comprensione di chi siamo. La chiave è trovare un equilibrio tra la flessibilità e l'impegno di volerci provare pur sapendo che la strada può essere tortuosa.»

«È un come camminare su una fune tesa» suggerì Levansi.
«Esattamente. Credere nella fedeltà è come mantenere l'equilibrio su quella fune. È un atto di coraggio che richiede consapevolezza e accettazione della mutevolezza di chi siamo e delle situazioni attorno a noi.»

Levansi intervenne e mi disse: «Sembra che in quel momento il destino si sia messo a muso duro per far mutare la convinzione nel tuo valore...»

«Forse aveva una mazza dentata.
Ma come hai detto tu: c'era di mezzo il destino. Non poteva essere un semplice tradimento; era più simile a un colpo di scena orchestrato da qualche sadico regista cosmico. C'era altro, qualcosa di sottile e sfuggente, come quando sogni di far pipì su un water...la stai per fare ma poi apri gli occhi e rischi di fartela addosso perché in realtà sei ancora nel letto!
Era una di quelle verità nascoste che ti ammiccano da dietro l'angolo e poi scappano via ridendo. Insomma, intuivo qualcosa, anche se, come al solito, quel qualcosa sembrava divertirsi a farmi girare a vuoto.

Il giorno dopo, non avendo chiuso occhio tutta la notte per il senso di colpa, pensai che l'unica soluzione fosse dire tutto a Gp. al telefono. Appena mi rispose non gli chiesi nulla ma partii con una frase asciutta e secca:
Ho fatto l'amore con il tuo migliore amico, ieri. Sto malissimo.»

«E lui come reagì?»

«Ci furono svariati minuti di silenzio. Poi mi rispose anche lui in modo minimale.

Ci riprenderemo. Io arrivo tra una settimana.

E chiuse la chiamata.
Quando tornò, riprendemmo il nostro rapporto come se nulla fosse successo, continuando a uscire insieme alla nostra comitiva, con Gio incluso.»

«Non ti stranì la situazione?»

«Non ci capivo un cazzo. Perché diavolo Gio era lì? Avevano parlato? Si erano chiariti?

Ogni domanda rimbalzava nella mia testa senza trovare risposta, un disco rotto in loop che mi lasciava una chiara confusione mentale. Non c'era stato modo di parlare, di fare chiarezza, di liberare la mente e chiudere quella porta per poter andare avanti.
Io avevo tradito Gp. con Gio, il suo migliore amico. Dannazione, avrebbe dovuto urlare, dire qualcosa, anche solo guardarmi in faccia e farmi capire il suo disprezzo. Invece, niente. E intanto io avevo una guerra dentro. Pensieri come proiettili mi attraversavano, esplodendo in tutte le direzioni, e mi sentivo come una granata pronta a detonare, a spargere pezzi di me ovunque, metaforicamente parlando... proprio contro Gp.»

«Come mai non ti facevi avanti per parlare con lui?»

«Il senso di colpa mi bloccava. Non mi azzardai ad aprire l'argomento ma desideravo con tutte le mie forze che Gp. parlasse di quella sera.

Per molto tempo mi sentii addosso una A scarlatta stampata a fuoco sulla chiappa, scegli tu se la destra o la sinistra.»

«Non penso sceglierò la chiappa» rispose Levansi.

«Era una battuta.»
Lo guardai ridendo del suo poco senso dell'umorismo.

Levansi mi osservava, aspettando che aggiungessi qualcosa, come se avesse intuito che il mio racconto fosse solo una puntata *"pilot"* di qualche serie TV *vorrei ma non lo so* di Netflix. Non potei fare a meno di abbassare lo sguardo.

«Ora starai pensando se volessi davvero stare con Gp.» dissi sibilando. «Lo volevo davvero. Eppure… non so come spiegartelo, era come se ci fosse sempre qualcosa fuori posto. Come un quadro appeso storto, che non riesci a ignorare anche se fingi che sia tutto a posto. Ogni volta che stavamo insieme, mi ritrovavo a chiedermi se quello che provavo fosse verso chi era realmente oppure un riflesso che nascondeva altro.»

Mi bloccai, consapevole di quanto amara fosse quella verità che mi stava scivolando fuori. Levansi mi ascoltava in silenzio, senza giudicarmi. Era quasi un sollievo.

«Magari è stata quella crepa a portarmi a…» proseguii «un battuage. Quel famoso luogo di cui ti parlavo prima!»

«Ora mi puoi spiegare, senza romanzare, cos'è un battuage?»

«Certo. Per farla breve: è quel luogo dove gli sguardi si incrociano e le storie d'amore durano quanto un temporale estivo.» stavo romanzando.

«È un teatro dell'inesperienza romantica, un *non luogo* come direbbe Marc Augé. È un posto in cui persone omosessuali dichiarate e non, persone sposate e non, persone a cui prude, ecc. ecc. girano in auto e fanno sesso.»

«Chiaro» ribatté Levansi «anche se non l'hai fatta molto breve.»

Sbuffai e continuai il racconto: «Nel paese da cui provengo, questo non-luogo si trova in una pineta vicino a una zona industriale della città più vicina.»

Levansi intervenne «Sì, Marc descrive i non-luoghi come spazi di passaggio, impersonali, dove gli individui transitano senza lasciare traccia di sé. Stazioni, autostrade, aeroporti… Non c'è storia lì dentro, non ci sono memorie individuali o segni permanenti. Ma… in un certo senso, il battuage sfugge a questa definizione, non trovi?» e continuò «Dico, magari un battuage è concepito come un luogo di passaggio, un posto anonimo dove le persone si incontrano per pochi istanti e poi se ne vanno. Come dicevi tu, un luogo *"dove le storie d'amore durano quanto un temporale estivo"*.

Ma non significa che quei momenti non lascino tracce, anche solo nei ricordi delle persone che passano di lì. Per qualcuno, ogni dettaglio di quel posto, può trasformarsi in un ricordo nitido, persino carico di significato. Magari l'odore di pini, un graffito su una panchina, una certa ora della notte… Sono dettagli che trasformano quel non-luogo in qualcosa di unico, intessuto di storie e di vissuti.»

«Ah, ma allora conosci Augé?»

«Chissà»

«Era da un po' che non mi dicevi *Chissà*.» notai ad alta voce.

Ma anche se lo avessi pensato Levansi lo avrebbe capito ugualmente.

«Sì, in effetti per molti sarà un luogo importante, un rifugio dove forse per la prima volta si sono sentiti liberi di essere sé stessi, o dove hanno vissuto momenti intensi, nel bene o nel male.»

Guardai Levansi comunicandogli silenziosamente *"ora posso continuare, Sua Grazia?"*. Sembrava proprio di si.

«Era un venerdì sera, ed ero a casa.

Gp. mi aveva scritto un SMS dicendomi che non si sentiva bene. Dopo avergli augurato una pronta guarigione, mi lasciai cadere sul divano, iniziando a fare zapping tra televendite di robot da cucina e aspirapolvere. Gli spot televisivi erano il mio personale *"annulla pensieri"*.

Mentre fissavo la TV, dove un'impastatrice preparava con precisione dei biscotti perfetti, il cellulare vibrò. Era un SMS di G., uno dei miei amici più cari del liceo. In quegli anni, si comunicava ancora via SMS e *"squillini"* – piccoli segnali che dicevano: *ti penso, ok!* o semplicemente *ricevuto*. Trovavo quel gesto, così semplice, incredibilmente dolce. La semplicità ha i geni della dolcezza!» sorrisi, mentre lui mi ascoltava.

«E anche quelli della difficoltà», ribatté Levansi, avvicinandosi al parapetto di fronte al mare. «Mi stavi dicendo che avevi ricevuto un SMS dal tuo amico G...»

Continuai il racconto:
«Sì. Presi il mio Nokia 3210 e lessi il messaggio sullo schermo:

VestitiTiDevoPortareInUnPosto

Ogni SMS costava, a meno che non ci fossero offerte come la Christmas Card o la Summer Card. Per risparmiare, si scriveva tutto attaccato.» sorrisi «gli risposi all'istante con uno squillo, per dire *"confermo"*.

Mentre aspettavo che venisse a prendermi, mi chiedevo cosa ci fosse di tanto misterioso. Quell'alone di enigma crebbe quando salii sulla sua auto e lui, ermetico, mi disse solo: *"Ciao Vì, smack smack, andiamo in un posto"*.

Provai a chiedergli dove stessimo andando, ma fu inutile. Era chiuso come un vasetto sottovuoto di marmellata, che attende il momento del *"clack"* quando finalmente viene aperto.

Quel *"clack"* arrivò quando ci fermammo accanto a un ponte, per poi addentrarci in una pineta che non avevo mai visto prima. Lanciai un'occhiata confusa verso di lui e, cercando di mascherare il disagio, dissi ridendo: *"Ma dove cazzo stiamo andando? Non vorrai mica imboscarti con me?"*

Risi, sperando che la battuta alleviasse l'ansia che cresceva man mano che ci addentravamo nel buio della pineta. Ripensandoci, quell'oscurità era un inquietante preludio al buio in cui, di lì a poco, sarebbe sprofondato il mio rapporto con Gp.

Guidò l'auto lungo un viale sterrato circondato da alberi. Pini a destra e sinistra che sembravano grandi mura nere che si stringevano man mano che andavamo avanti lungo quella strada disconnessa. Sembrava l'occasione perfetta per farsi tagliare a pezzi da qualche entità misteriosa: buio, alberi che sembrano fantasmi e una bambina con i capelli lunghi in decomposizione che ti fissa.

Al termine della stradina sterrata, che sembrava non avere una fine, si aprì davanti a noi un piazzale molto ampio, circondato anch'esso da pini che si muovevano con la leggera brezza che arrivava dal mare lì vicino.

All'interno del piazzale giravano incessantemente

automobili a passo d'uomo. Avanti e indietro. Indietro e Avanti. A destra e a sinistra.

I fari sembravano delle lucciole giganti che girovagavano senza una meta precisa.

Insistetti ancora per comprendere cosa avesse in mente G. e, finalmente, decise di rispondermi con più di quattro parole. Avevo raggiunto livelli ragguardevoli di nervosismo che si tagliava con un grissino, come il tonno.»

Levansi aveva capito il riferimento?
Continuai: «Gli domandai in tono preoccupato dove cavolo mi avesse portato.

Allora, questo è lo scopatoio della nostra città.
Mi disse.

Prego? E di grazia, a prescindere dalla presa visione di un posto per l'outdoor sex, cosa diamine ci facciamo qui? Mi è sfuggito il momento in cui ti ho chiesto di fare una gita qui...

Sssssssh. Fa silenzio.

Mi azzittì.
Piegati in avanti e non farti vedere.

Mi spinse il capo in avanti, sotto il cruscotto, facendomi piegare come una marionetta non usata dal proprio burattinaio.
Rimasi in quella posizione *"Dannunziana"* finché G. non mi chiese di rialzare il capo.
In quel momento, tutte le domande sul perché fossimo lì, eccetto quella del perché G. conoscesse quel posto, trovarono una sola e lampante risposta.»

Presi un bel respiro.

«Cosa ci facevate lì?» domandò Levansi.

«Ooooh!» dissi in tono teatrale.

«Ah, Levansi, c'era solo il mio Razzo Umano, Gp., fuori dall'auto, che si stava caricando non una, ma ben due persone! Dall'essere "moribondo" – o almeno così mi aveva detto – al passare in modalità cacciatore seriale è stato un lampo, non trovi?»

«Cosa hai fatto dopo che lo hai visto?»

«Ho ripreso la scomodissima posizione in modalità D'Annunzio chiedendo a G. di accostare l'auto vicino a quella di Gp. Presi il cellulare e lo chiamai. Mi rispose.

Amò come va la febbre?

Cercavo in tutti i modi di mantenere un tono tranquillo.

Mi rispose che stava ancora un po' male. Alzai un momento il capo e vidi che Gp. era davanti a quelle due persone a parlare con me al cellulare! Non aveva avuto neanche la decenza di rientrare in auto…filibustiere di merda!»

Filibustiere…davvero?

«Quando mi disse che stava ancora male gli risposi con un secco e acido:

Ah, si?

Uscii un attimo dopo dalla macchina di G.
Camminai dirigendomi verso di lui chiudendo la chiamata dal Nokia per poi lanciarlo indietro verso la macchina di G.

Scena degna di un video musicale di Beyoncé.

Quel gesto mi aveva dato una drammatica potenza.

Ma di che potenza sto parlando? Mi stava trasformando in *un cervo a primavera.*

Piano piano, la mia figura si delineava tra gli alberi: una silhouette decisa e magra che emergeva dall'oscurità. La luce dei fari di G. giocava con le ombre e la polvere alzata dal passaggio delle auto, rivelando i dettagli del volto teso di Gp.

Il Razzo Umano, davanti alla sua macchina e con il cellulare ancora in mano, cominciava a intravedere i lineamenti del mio viso, familiari, ma sapevo che la sua mente resisteva a credere che fossi proprio lì, in quel preciso istante.

Avanzavo con passo deciso. Il mio sguardo era penetrante, complice una matita nera che avevo deciso di mettere quella sera mischiata alla delusione del momento. La scena era surreale, come se il destino stesso avesse orchestrato nuovamente una rivelazione sotto la copertura della notte.

No, mi correggo: era stato G. il destino. E prima di lui il "cupido" Gio.

In quel recinto di pini il respiro di Gp., accelerato dall'ansia, si mescolava con il sussurro leggero del vento tra gli alberi. Scansai sgarbatamente le due persone davanti a lui prendendo il loro posto per comunicargli con prepotenza il messaggio: *e ora come la mettiamo?»*

«Cosa successe poi?»

«Ricordo che l'aria si fece pesante e carica di tensione. Era come se il tempo avesse smesso di scorrere.

Le parole di Gp. caddero nell'aria notturna come foglie secche.

Io Ti amo mi disse.

La sincerità delle sue parole fu offuscata dal luogo e da cosa stava palesemente facendo in quella pineta.

Sentì il mio cuore stringersi in una morsa di dolore e rabbia.

Senza una parola, senza bisogno di spiegazioni, alzai la mano e scaricai tutto il dolore accumulato in due schiaffi.

PA-PAM...»

Mostrai il gesto a Levansi con la mano destra: una sciabolata in avanti con il palmo e una indietro con il dorso della mano. Sembrava un'imitazione dei *mega servizi supersonici* di Mila & Shiro. Quelli che trasformavano una palla in un bananone rotante...

«Fu un gesto istintivo, un modo di esprimere la mia nuova frantumazione interna. Il suono dei due schiaffi echeggiò attraverso la pineta, seguito da un silenzio assordante: quello che rimane dopo una violenta vibrazione. Non c'era bisogno di ulteriori parole.

Con quel gesto, avevo detto tutto ciò che c'era da dire.

I due schiaffi lo fecero volare sul cofano della macchina e senza curarmi della sua risposta: *Ma che cazzo fai?* mi voltai e tornai nella macchina di G., lasciando in quel posto il tradimento e l'amore spezzato.

Quella fu l'ultima volta in cui ho permesso alle mie mani di levarsi con violenza contro un'altra persona.

Rimasi in silenzio per tutto il tragitto dalla *pineta del piacere* a casa mia.

In macchina, nonostante la presenza di G. non avevo nessuna persona con cui potessi condividere la sensazione di tradimento che aveva fatto la sua ricomparsa dopo la storia con Pe.»

«Cosa pensavi quando eri in macchina?»

«Riflettevo sull'accaduto con un'amara consapevolezza. Avrei dovuto urlare, lamentarmi, difendere il mio cuore tradito. Invece, avevo scelto il silenzio, un silenzio che riecheggiava come un boato sordo.»

«Perché non hai alzato la voce?» Mi chiese Levansi, sentendo il peso dei miei rimpianti.

«Ogni tradimento, ed ero solo a quota due, aveva lasciato in me una ferita che annegavo con il silenzio.

Credevo che silenziarle fosse la strada della dignità ma da qualche anno, anche ora, prima che schiattassi, mi resi conto che era stata solo una prigione autoimposta. Bellissima eh, ben arredata e con tutti i confort.

Ma questo, e altri tradimenti da parte di Gp. che avrei scoperto da lì a pochi mesi, erano come bombe emotive che avevano il preciso compito di bucare la mia anima.

Come i razzi ad alta precisione hanno un obiettivo ben preciso così i *Razzi Umani* colpivano sempre laddove c'era da colpirmi.

Ogni volta che avevo scelto di tacere, un'altra bomba esplodeva, lasciando dietro di sé un cratere di dolore riempito del mio orgoglio ferito.

Avrei dovuto rompere le scatole, in modo più copioso, al prossimo, sfogandomi.»

«Non è mai troppo tardi no?» intervenne Levansi.

«Si, dopotutto lo sto facendo con te. Vale anche se non sono in vita?»

Non mi ripose.

Riprese il discorso e mi domandò se avessi dato la possibilità a Gp. di spiegarsi.

«No. Appena rimisi piede nella macchina di G., la decisione fu immediata, quasi istintiva: chiudere ogni porta, ogni possibilità di contatto. Sapevo che continuare a sentirlo avrebbe solo alimentato un dolore che già mi stava divorando dall'interno. Ogni messaggio, ogni chiamata, ogni tentativo di spiegazione non avrebbero fatto altro che rafforzare il suo potere su di me, intrappolandomi in un ciclo infinito di aspettative, illusioni e inevitabili delusioni.

Bloccare tutto era l'unica via per proteggermi, per prendere distanza dal senso di tradimento e umiliazione che mi soffocava.

In fondo, non gli dovevo nulla. Men che meno il permesso di continuare a influire sulla mia vita o sulla mia serenità. Niente contatti, niente spiegazioni: solo così avrei potuto iniziare a ricostruirmi, senza dover fare i conti con la sua presenza, che fosse reale o virtuale.

E sai una cosa? Nonostante sia un completo disastro nella categoria *"sbraita e incazzati"*, penso che quella scelta—chiudere subito dopo quello schiaffo—sia stata una delle decisioni più sane che abbia mai preso. A maggior ragione perché poi, a posteriori, scoprì tutto il resto: un'interminabile collezione di tradimenti, come figurine, che Gp. aveva accumulato mentre stavamo insieme. Ti dicevo che è stata una scelta sana, Levansi. Be', dopo aver scoperto quegli altarini, posso dirti che è stata anche per la sua sicurezza. Non so cosa avrei potuto fargli se lo avessi avuto ancora davanti, o se avesse continuato a far parte della mia vita.

L'altarino più memorabile?

Era Capodanno, una di quelle serate perfette: amici, risate, brindisi… e Gp. che si diverte nel bagno con uno del nostro tavolo. Non uno sconosciuto qualsiasi, ma uno di quelli con cui stavo condividendo tartine e risate pochi minuti prima.

A ripensarci, sembra la trama di una pessima commedia da cinepanettone anni '90 che piace tanto all'italiano medio: a un certo punto lui e il tizio si assentano, io penso che stiano chiacchierando da qualche parte, e continuo a godermi la serata senza alcun sospetto. Perché chi, al mondo, si aspetterebbe che il proprio ragazzo stia *"festeggiando"* un Capodanno alternativo nel bagno di casa degli amici che ci ospitano? Chiaro, nessuno tranne una persona gelosa patologica.

Ecco, è qui che mi chiedo: forse il vero problema sono, ero, io. Perché, se essere gelosi significa stare in costante modalità *"radar assenze"*, beh, dev'essere uno stillicidio vivere così.

Ma forse, dall'altro lato, ero solo una Pollyanna incastrata in un delirio di fiducia e buonismo, convinta che nessuno farebbe mai una cosa del genere. Soprattutto non con me.»

«Come hai saputo di questo tradimento?»

«Gio, il cupido, decise di raccontarmi tutta la storia. E nonostante tutto, in un rigurgito di ingenuità, decisi di concedere il beneficio del dubbio. *Dai, sarà stato un malinteso. Sarà scivolato, caduto, e accidentalmente finito addosso a quell'altro. Tutto può succedere, no? E poi Gio non era neanche con noi quella sera, avrà capito male.*

Quante cavolate ci raccontiamo per non vedere la cruda e triste verità delle cose, Levansi?»

Non gli diedi il tempo di rispondere.

«Qualche mese dopo, però, incontrai quel tizio. Non potei trattenermi e gli chiesi, con tutta la calma di un serial killer in preda a un momento zen, cosa fosse successo davvero in quei trenta minuti di *"pausa tecnica"*. Gli dissi di rispondere con sincerità, fingendo una sicurezza che, in realtà, non possedevo. Mi darei un premio per quell'interpretazione.

La sua risposta?
Inutile dire che confermò tutto quello che mi era stato riferito da Gio.
Ma la parte davvero agghiacciante non fu tanto scoprire il tradimento. Ormai, era una frittata bruciata, masticata e vomitata. No...»

«E allora, Vì? Per cosa?» chiese Levansi, incuriosito.

«Per la faccia da culo, Levansi! Perché solo un professionista del genere può sedersi a tavola con me, sorridere, presentarsi come se niente fosse, e due secondi dopo sgattaiolare nel bagno a fare porcate con il mio ragazzo. E Gp.? Come diavolo ha fatto a scoparsi quel tizio, tornare a sedersi accanto a me e darmi un bacio? Dio solo sa cosa aveva appena fatto con quella bocca... Ma davvero, dico io, non meritavo neanche un minimo sindacale di decenza? Facevo così schifo? Valevo così poco?»

«Non addossarti la colpa,» ribatté Levansi, cercando di calmarmi.

«Lo so, lo so. Oggi lo so. Ma all'epoca? All'epoca mi sentivo un disastro ambulante. La verità è che erano solo due vigliacchi con licenza di umiliare. Bellezza e valore non si misurano con il *"righello"* del tradimento, ma con il rispetto di sé e la fiducia nelle proprie qualità.»

«Ben detto» annuì Levansi.

«…Peccato che a quei tempi queste cose mica le sapevo! Da quel Razzo Umano, pieno di corna e veleno, ho imparato la lezione più dura. Le relazioni sono come le religioni: atti di fede cieca e salti nel vuoto. È come credere in Dio, solo che il tuo *"Dio umano"* lo porti fuori a cena, gli racconti dei tuoi sogni e gli dai pure le chiavi di casa.

Ma quando non è con te, quando esce dal tuo campo visivo, tutto quello che ti resta è fede. La fede che non stia facendo qualcosa per distruggerti.

E Gp.? Lui non si faceva problemi a tradire continuamente la mia fiducia. Bagni dei locali gay, incontri casuali organizzati in chat con chissà chi, magari persino senza protezioni. E il bello? Noi continuavamo a fare sesso regolarmente. Col senno di poi, posso solo ringraziare la sorte: è un miracolo che non abbia beccato infezioni sessualmente trasmissibili. Ai tempi pensavo che, in una relazione stabile, non fosse necessario usare precauzioni. Non mi sembrava una cosa così folle, no?»

Levansi restò in silenzio, e io aggiunsi con una smorfia ironica: «Ah, e ciliegina sulla torta, alla fine ho capito perché Gio ci provava così tanto con me.»

«Come?» Mi domandò Levansi.

«Provo a non fare spoiler.

Ci incontrammo una sera d'estate, qualche mese dopo la mia rottura con Gp., su una spiaggia illuminata dalla luna. Il mare accarezzava piano il bagnasciuga, e noi avevamo preso posto su due scogli che emergevano appena dalla sabbia. L'atmosfera era di quelle che invitano a parlare, a liberarsi di segreti e pesi accumulati nel tempo.

Fu in quell'occasione che Gio si aprì completamente. Mi

raccontò della storia di Capodanno, dei continui tradimenti di Gp., delle sue performance pornografiche nei cessi dei locali, nelle pinete, alle feste—praticamente ovunque si presentasse l'occasione. Mi confessò, come ti accennavo prima, il motivo per il quale ci provava in continuazione con me: voleva portarmi via da Gp., forse per salvarmi, forse per egoismo, ma consapevole che tutto ciò avrebbe potuto farmi solo del male. Il piano, però, gli si era ritorto contro: a forza di provarci con me, a forza di passare del tempo insieme, aveva finito per innamorarsi sul serio.

Parlammo a lungo quella notte, e Gio condivise il suo punto di vista su Gp. Era convinto che soffrisse di qualche disturbo psicologico. Diceva di amarmi, eppure si comportava come se il suo corpo fosse un bene comune, da offrire a chiunque.

Io, invece, avevo una teoria diversa. Pensavo che Gp. desiderasse, magari inconsciamente, una relazione aperta, oppure avesse bisogno di accettare il proprio essere poliamoroso. Ma c'era una questione fondamentale che rendeva tutto insostenibile: la sincerità. Era proprio questa, così semplice e necessaria, a mancare completamente. È devastante, e al tempo stesso irritante, quando qualcuno ti priva della libertà di scegliere, senza nemmeno porti la domanda più banale: *"Ti andrebbe bene così?"*. Probabilmente, nella maggior parte dei casi, quella domanda non veniva fatta per un senso di colpa irrazionale…o perché si era semplicemente stronzi.»

«Hai frequentato il migliore amico di Gp. dopo la sua confessione?» Chiese Levansi.

«No, abbiamo avuto l'occasione di baciarci come due persone libere da altri legami e che si amavano davvero. Baci lunghi, infinitamente dolci, come se ogni secondo fosse un piccolo segreto sussurrato tra di noi. Eravamo lì, due anime intrecciate sotto la luna, e in quel breve istante non c'era altro che contasse. Avevamo condiviso tanto insieme: una storia ricca di menzogne, un tradimento, confidenze intime che avevano fatto in modo di creare un legame tra noi; sembrava che ci conoscessimo da una vita.

In più, ero in procinto di partire per l'università e la mia mente, in parte, già volava lontano.»

«Non avete pensato di provarci comunque?»

«Da contratto non credo nelle storie a distanza» risposi senza esitazione.

«Per come è andata con Gp.? Mi hai detto abitava lontano per studio.»
Complimenti alla memoria, Levansi, io non ricordo nemmeno se prima di morire avessi fatto la cacca...
Risposi:

«Anche. Sarebbe ipocrita dirti che ciò che è successo con Gp. non abbia influenzato il mio modo di vedere le relazioni a distanza. Ogni esperienza che ho vissuto, anche quelle più spiacevoli, ha lasciato dei segni, come quelli che comparivano quando masterizzavo un CD della Verbatim negli anni duemila. Sicuramente ogni vissuto condizionava in qualche modo le mie scelte o preferenze, per quanto mi scocci ammetterlo.

Il mio punto di vista su questo tema, però, è strettamente personale. Non ho mai scoraggiato altre persone dal tentare una relazione a distanza, né ho mai fatto prediche al riguardo. Tra i miei fratelli e sorelle ho, avevo, una sorella che ha una relazione con una ragazza negli Stati Uniti. L'ho sempre sostenuta, anche se, forse, con una certa dose di ipocrisia. A volte mi chiedo se non le abbia mentito spudoratamente, fingendo un entusiasmo che in realtà non provavo. E dire che avevo sempre pensato che le donne lesbiche avessero un *"range massimo a livello europeo"* … Ma lei, niente, ha mirato addirittura oltreoceano. La ammiro, in fondo.

Alla fine, credo che la questione non sia tanto *dove* si trova la persona con cui stai, ma cosa stai cercando in una relazione. È una questione di bisogni, di aspettative. C'è chi riesce a costruire un rapporto su chilometri di distanza, coltivandolo come un giardino raro e prezioso, e c'è chi, come me, forse ha bisogno di una presenza più tangibile, di qualcuno da guardare negli occhi ogni giorno. Dipende da ciò che ciascuna persona considera essenziale.»

Levansi mi fissò, con quell'aria curiosa che sapeva essere tanto disarmante quanto insistente. Poi chiese, quasi senza esitazione: «E tu cosa consideri essenziale?»

Mi presi qualche secondo, lasciando che le parole trovassero la loro forma. «Essenziale per me è riuscire a vedere una persona. Non parlo di vederla ogni giorno, né tantomeno di vivere insieme. Non ho mai sentito il bisogno di una convivenza; anzi, penso che possa soffocarmi. È come se la convivenza togliesse spazio a ciò che sono, a quello che mi rende…Vì.

Ma vederla, sì. Guardarla negli occhi, condividere del tempo di qualità, costruire momenti reali insieme—questo sì che è importante.»

Feci una pausa, come a sottolineare ciò che stavo per aggiungere. «Ma oltre a questo, sono tre le cose che davvero non possono mancare: onestà, fedeltà e libertà. L'onestà è il fondamento di tutto. Senza, qualsiasi rapporto diventa una recita, un accumulo di bugie e omissioni che ti separano, anche se ti trovi nella stessa stanza. La fedeltà… quella, per me, è la prova di un impegno reciproco, la lezione che ho imparato dal mio tradimento con Gio, il cupido. E poi, la libertà. Questa è forse la più importante di tutte.»

Mi fermai per un momento, cercando le parole giuste.

«Ho tantissime passioni e sono loro a definirmi, a rendermi
ciò che sono. Scrivere, creare, esplorare i miei interessi più
strani, quelli che mi fanno perdere la cognizione del tempo. Se
qualcuno mi togliesse questo, non resterebbe granché di me.
Sarebbe un controsenso, no? Essere attratti da una persona
per ciò che la rende unica, e poi cercare di smorzare proprio
quelle parti; o avere l'arroganza di prenderne il posto.
Chiunque avesse deciso di stare con me doveva sapere che
ciò che mi rendeva speciale ai suoi occhi erano proprio quelle
cose. Perderle significava perdermi.»

Levansi annuì lentamente, quasi a pesare ogni mia parola.
«Sai, Vì,» disse con un accenno di sorriso, «credo che chiunque
ti incontri abbia bisogno di un manuale d'istruzioni.»

Scoppiai a ridere. «Forse. Ma almeno il manuale sarebbe
scritto con onestà e impaginato bene.»

«Ti senti inusuale a pensarla così?»

«Inusuale o desueto non significa inesistente,» risposi senza
esitare, mantenendo lo sguardo fisso sul suo. «Solo perché non
seguo la narrativa comune delle coppie non vuol dire che
quello che cerco, cercavo, sia meno valido. Mi rendo conto
che, ultimamente, si parli molto di relazioni fluide, di
convivenze come tappa obbligata, o addirittura di un continuo
fondersi a vicenda. Ma io non voglio dissolvermi in nessuno,
né che qualcuno si dissolva in me. Non sono la salamoia di
"Chi ha incastrato Roger Rabbit"»

Levansi inclinò appena la testa, invitandomi a proseguire.

«Il fatto è che non mi sentivo fuori luogo, e va bene così. Non avevo bisogno che il mio modo di vivere un rapporto fosse popolare o condiviso. Ciò che contava, per me, era che funzionasse con la persona giusta, una che fosse stata in grado comprendermi e apprezzare le cose per cui vivevo, senza cercare di cambiarle o di fonderle nel proprio mondo. Quando qualcuno mi amava non mi annullava; mi vedeva, mi accettava e mi rispettava per ciò che sono…ero. E se questo significa essere *"inusuale"*, lo prendo come un complimento.»

«Interessante,» disse Levansi con un mezzo sorriso. «Quindi non ti pesava essere *differente* rispetto alla maggioranza?»

«Per niente,» risposi. «Penso sia liberatorio togliersi l'onere, o l'ansia, di non dover corrispondere alle aspettative di qualsiasi essere umano sulla terra; nonché impossibile!

Alla fine, vivere secondo i propri termini è l'unico modo per rimanere fedeli a chi si è. E io preferivo una relazione fuori dagli schemi a una convenzionale che mi rendeva solo infelice.»

Levansi mi scrutò ancora per un istante, poi sorrise di colpo. «Sai, Vì, mi chiedo se la tua testardaggine non sia la tua più grande forza.»

«Sai che non lo so nemmeno io?» risposi, restituendo il sorriso. «Ma una cosa è certa: sono una testa dura. Probabilmente è proprio questo che ha limitato il numero di Razzi Umani scoppiati nella mia orbita. Ora immagina se non avessi avuto tutta questa testardaggine... Avresti trovato una povera anima ridotta a cratere. Non proprio un bello spettacolo, eh?»

Il cielo era gremito di stelle. Il tempo in quel luogo si perdeva. Non aveva più molto senso preoccuparsi di quante ore, giorni, settimane sarebbero potute trascorrere.

Oramai non era più importante.

Un'area spessa e irregolare di stelle mostrava tutta la potenza artistica della natura.

Quella visione mi toglieva il fiato.

Ma un attimo. Non potevo, ormai, farmi mancare il respiro per tanta bellezza.

ALBA

Continuavo a osservare il cielo trapunto di stelle, lasciando che la mente sgombra si perdesse in quella vastità. Mi sembrava di capire finalmente cosa significasse contemplare: dissolversi in uno spazio infinito, come quando un pennello colorato si libera nell'acqua, tingendola a poco a poco. È un gesto semplice, ma perfetto.

Mentre mi perdevo in questi pensieri, una linea di luce apparve all'orizzonte. Com'era possibile che il sole tramontasse e sorgesse dallo stesso lato? Forse quel pianeta non ruotava su sé stesso come la Terra? Guardavo spesso documentari di astronomia, trovandoli affascinanti non solo per spiegare fenomeni fisici, ma anche per ancorare il mio mondo interiore a qualcosa di più vasto. Non avevo dubbi: più della metà dell'universo è invisibile, come molte delle nostre emozioni.

Il Cosmo mi ricordava le relazioni umane. Pensai all'Energia Oscura: spinge le galassie lontane l'una dall'altra, proprio come certe persone sembrano evitare connessioni profonde. Poi c'è la Materia Oscura, quella forza invisibile che tiene insieme le galassie, impedendo loro di sfaldarsi. È un po' come ciò che tiene unite certe coppie nonostante tutto: una forza misteriosa, inspiegabile, eppure fondamentale. Mi piaceva l'idea che il nostro universo fosse governato da ciò che non possiamo né vedere né afferrare. Era un invito all'umiltà, una lezione che l'umanità faticava a imparare.

Levansi interruppe il mio silenzio. «Questo luogo non ruota su sé stesso, quindi quella stella appare e scompare sempre nello stesso punto.»

«Già, è una stella!» risposi. «Abbiamo l'abitudine a chiamarlo Sole, ma alla fine è solo una delle tante stelle. Siamo noi che gli abbiamo dato un nome speciale.»

La luce dorata si rifletteva sul viso di Levansi, accarezzando la sua barba nera e gli occhi verdi. I capelli corvini, spettinati, brillavano come se nascondessero riflessi d'oro. Mi ritrovai a fissarlo più del necessario, consapevole che, se avessi avuto un cuore capace di innamorarsi, probabilmente avrebbe battuto all'impazzata.

Con un sorriso accennato, Levansi mi chiese: «Quando le persone hanno davvero l'opportunità di essere libere?»

Non ebbi dubbi sulla risposta. «Quando intessono relazioni, di qualsiasi tipo, nella loro vita privata. Eppure, è proprio lì che i limiti si manifestano di più, soprattutto nelle relazioni sentimentali. Dovrebbero darci libertà, ma spesso diventano gabbie dorate.»

«Come mai credi che gli esseri umani si incaponiscano così tanto a voler stare con un'altra persona a tutti i costi?» chiese, con l'aria curiosa di chi osserva un fenomeno da lontano.

«Ah, quando dici *"gli esseri umani"* sembri un alieno,» risposi ridendo. «Ma credo che molte persone, e mi ci metto anche io senza sconti, cerchino nelle relazioni un conforto che non sanno darsi da sole. È più facile aggrapparsi a qualcun altro che affrontare i propri vuoti. Ci piace anche sentirci indispensabili, essere la stella polare di qualcuno. È romantico, ma anche un po' narcisistico. Alla fine, molte relazioni si trasformano in battaglie di potere, dove non vince mai nessuno.»

Sorrisi amaramente, guardando il mare. «Ho capito che una relazione, anche sessuale, dovrebbe essere un complemento alla propria vita, non una scusa per evitare di affrontare le proprie mancanze. Quando cercavo di riempire i miei vuoti con il sesso, passavo da una persona all'altra, sperando di trovare qualcosa che non c'era. Era come scavare una voragine sempre più profonda.»

Risi, scuotendo la testa, con un misto di ironia e malinconia.

«Mi viene in mente una delle mie serate da manuale, quelle in cui ero a caccia con l'ansia di trovare per forza qualcuno. Ecco, io e questo ragazzo ci guardavamo da un po' di tempo durante una serata in discoteca. Un classico gioco di sguardi: intenso, magnetico, il tipo di roba che mi aveva fatto pensare di aver trovato la musa del momento, almeno fino all'alba. Nel locale non successe nulla, era tardi e mi avviai verso casa a piedi…e chi incontro? Lui, ovviamente. Per strada, come se il destino avesse deciso di darci una seconda chance.

Due chiacchiere veloci, qualche risata, e poi il grande invito: "Vuoi salire da me?". Figurati, non me lo sono fatto ripetere. Entrammo nel suo appartamento, e le cose andarono esattamente come avevo immaginato. È stato divertente, fisico, la giusta dose di chimica. Finito tutto, ero già nella modalità *"questa è una di quelle serate memorabili"*.

Mi immaginavo già lì, nel suo letto, forse anche a dormire

un po' insieme. Sai, quel dolce post-serata in cui tutto sembra perfetto. Lui mi guardò, con tutta la serenità del mondo, e mi disse: *"Ehm... il mio ragazzo sta per tornare. Dovresti andare"*. Rimasi lì, immobile come un gatto di sale, cercando di capire se mi stesse prendendo in giro. Era serissimo. E mentre il mio cervello stava ancora processando la frase del neonato Razzo Umano, lui aggiunse un dettaglio agghiacciante non richiesto. *"Sai, non faccio sesso da un po' con il mio tipo. Forse perché il padre del mio ragazzo è morto di recente, e sta elaborando il lutto..."*

In quel momento ebbi un blackout totale, come se il mio cervello avesse premuto il tasto *"OFF"*. Non riuscivo a capire cosa mi disgustasse di più: il fatto che mi stesse cacciando perché aveva un fidanzato o la sua giustificazione, ammesso fosse vera, secondo cui non faceva sesso con lui perché il padre era morto. Complimenti per la sensibilità, davvero!

Decisi di andarmene. Con dignità, ovviamente.

Solo che... beh, non ero propriamente esente dall'effetto dei cocktail bevuti in discoteca. Scesi le scale e, con tutta la grazia di *Lindsay Lohan* in *Mean Girls* quando finisce nella pattumiera del corridoio del suo liceo, dopo il suo *"extreme make over"*, caddi giù come un sacco di patate, producendo un baccano infernale. Lui si affacciò dalla porta e, con l'aria del perfetto gentiluomo, mi chiese: *"Vuoi una mano?"*. No che non volevo una mano. *"Sto bene, non ti avvicinare!"* gli urlai, cercando di raccogliere quella poca dignità rimasta tra i gradini e il pavimento. Ora, ripensandoci, non è nemmeno tanto la caduta dalle scale o il fidanzato invisibile ad avermi dato fastidio. È come sempre quella domanda assente, di cui ti parlavo prima.

"Sono fidanzato, ti va bene se scopiamo?"

Perché la gente non lo fa mai?

Perché è così difficile lasciare che un'altra persona scelga?

Ti rendi conto che non mi ha nemmeno dato la possibilità di decidere se la cosa mi andava bene? Lui aveva deciso per me e così mi ritrovai a fare il doppio salto mortale dalla scala della vergogna con un corrimano di rimpianto.»

Mi fermai, guardando Levansi con un mezzo sorriso. «Alla fine, la vera caduta non è stata dalle scale. Quella era solo la ciliegina sulla torta.»

Levansi mi ascoltava attentamente, con lo sguardo fisso su di me. «E poi?»

«*E poi sarà come morire...*» canticchiai.

«Poi ho capito che anche per una semplice *scopata e via* avevo bisogno di un minimo di connessione. Ce n'è voluto di tempo e di incontri disastrosi con Razzi Umani di varia natura, eh! Ma *"meglio tardi che mai"*, no?

Avevo compreso di aver bisogno di qualcosa che facesse da ponte tra il mio mondo e quello dell'altra persona. Non parlo di storie d'amore epiche, ma di un minimo di interesse, di scambio. Senza quello, il sesso era solo un rituale vuoto, un gesto meccanico che scavava ancora di più dentro di me. Mi rendeva un automa.»

«Ma con questo nuovo criterio di ricerca è stato più facile?» chiese Levansi. Sembrava più un consiglio per un filtro di ricerca su *Vinted* che una domanda seria.

Scossi la testa. «No, anzi. La maggior parte delle persone sembrava soffrire di una sorta di *"Stitichezza emotiva"*. Si dava il minimo indispensabile, giusto per non sembrare completamente privi di vita, ma niente di più. Cercare una connessione, fino a quel momento, era quasi un crimine. Tutto era ridotto alla velocità, alla funzionalità, e guai a provare a chiedere qualcosa di più. Trovavo tutto ciò ironico: chiamavamo tutto questo libertà sessuale, ma spesso era solo una scusa per nascondersi dietro un muro di distacco. La vera libertà, invece, dovrebbe includere il diritto di cercare qualcosa di più, senza vergognarsi.»

Abbassai lo sguardo, poi lo rialzai. «La libertà sessuale è, per chi è ancora sulla terra e ha un corpo, una conquista meravigliosa, ma non dovrebbe essere un'arma per giudicare chi cerca un legame, anche solo per una notte. La libertà è varietà, non uniformità. È lasciare spazio a tutte le forme di desiderio, anche quelle che osano includere un'emozione. Fai sesso quando vuoi, come vuoi, ma fallo con la libertà di dire: *magari per questa notte siamo più che corpi.*»

Levansi sorrise leggermente. «Quindi non ti bastava l'attrazione fisica.»

Annuii. «Esatto. Avevo bisogno di sentire una scintilla, una connessione mentale o emotiva. Altrimenti, era come parlare con un muro.»

Levansi rimase in silenzio per un momento, come se stesse elaborando un pensiero che non era del tutto sicuro di voler verbalizzare. Poi arrivò, diretto come un meteorite: «E in tutto questo… cos'è una dark-room?»

Mi girai lentamente verso di lui, fissandolo con un misto di sorpresa e perplessità.
Ma perché mi stai chiedendo questa cosa quando ti ho appena descritto, con tanto di esempio pratico, che sono una persona demisessuale?
Pensai, ma ovviamente non lo dissi tanto lo avrebbe capito.

Alzai un sopracciglio e inclinai leggermente la testa. «Sei sicuro di volerlo sapere?» domandai, già pregustando l'assurdità del discorso che stava per seguire.

Lui, impassibile, non si lasciò intimorire. «Lo so che fai quella faccia quando qualcosa ti sembra strano o fatichi a processarlo, ma vorrei davvero saperlo. Per dovere di cronaca!» Dovere di cronaca? Ma cosa faceva, scriveva articoli per il *Corriere dell'Al di là*?

«Eh, Levansi...» iniziai, cercando di mantenere un tono sintetico e professionale. Ma, come al solito, mi ritrovai ad aprire un discorso che prometteva di diventare lungo ottocento capitoli.

«Allora, la dark-room, come suggerisce il nome, è una stanza buia. Buia per davvero, eh, non in senso figurato. E cosa succede in questa stanza? Uomini si incontrano per fare sesso con altri uomini, in modo, diciamo... casuale. Si basa tutto sul tatto e, beh, sull'intraprendenza, perché in quel buio non vedi nulla e ti devi fidare. È praticamente il contrario di tutto quello che ti ho appena raccontato su di me. Un luogo dove le connessioni emotive vengono lasciate alla porta, giusto accanto ai vestiti.»

Mi fermai un attimo, guardandolo per vedere se stava registrando le informazioni o se avesse bisogno di un PowerPoint esplicativo.
Lui annuiva lentamente, con un'espressione seria e curiosa.

«Ora,» continuai, «se ci pensi, è un esperimento sociologico affascinante, se vogliamo: un luogo progettato per annullare tutto ciò che è superfluo, ridurre l'interazione umana al minimo indispensabile. Certo, considerando tutto quello che ti ho appena detto sulla mia necessità di connessione, puoi immaginare quanto sia il mio habitat naturale.»

«Quindi fammi capire… sei praticamente l'antitesi vivente di una dark-room.»

Sorrisi, alzando le mani in segno di resa. «Esatto. Non sono una persona da stanza buia. Ma, ehi, a ognuno il suo. Io preferisco vedere chi ho davanti, letteralmente e figurativamente.»

Lui annuì e mi lanciò uno sguardo che sembrava dire: *Questa conversazione prenderà una piega assurda, ne sono certo.*
E forse aveva ragione dato che stavo proponendo una figura retorica alquanto bizzarra.
Aggiunsi: «Immagino le dark-room come i combattimenti in *Mortal Kombat* in cui una voce registrata ti sussurra: *Choose Your Destiny*. Ma, in realtà, non saprei dirti come va davvero, perché le volte in cui mi è capitato di finirci ero sotto l'effetto di *"additivi"* non richiesti: qualcuno, pensa te, aveva pensato bene di drogare il mio drink. Forse temevano che mi stessi divertendo troppo poco? Mistero.
Per fortuna, non mi è mai successo nulla di grave, perché c'era sempre qualcuno che mi aiutava a uscire da quelle situazioni. Mi affascinavano, tuttavia, i frequentatori abituali di queste stanze buie. Volevo capirne di più e, per caso, mi ritrovai a parlare con un ragazzo mentre fumavo una sigaretta in discoteca. Lui mi seguiva sui social per alcuni progetti di attivismo e a un certo punto, guardandomi con aria delusa, mi disse: *"Ora che ascolto la tua voce e ti vedo dal vivo, non mi ecciti più."*

Gli rivolsi la mia migliore faccia da: *ma che cazzo stai dicendo?*
Lui, vedendo la mia espressione, corse subito ai ripari

aggiungendo: *Aspetta, non fraintendermi! Non ti sto dicendo che mi fai schifo. È solo che alcune persone, tipo me, provano molta più attrazione quando non vedono né sentono la voce dell'altro.*

Mi spiegò che, in una dark-room, lui aveva l'occasione perfetta per appagare il suo enorme desiderio sessuale di non vedere né sentire chi aveva davanti. Era tipo il paradiso per lui, un'esperienza totalmente sensoriale, ma senza vista né udito. E aggiunse, infine, che questa sfumatura sessuale ha addirittura un nome!»

«Ah sì? Quale?» domandò Levansi, incuriosito.

«Si chiama *Fraysexuality*. Una persona *"Fray"* si sente attratta inizialmente, quando c'è poca familiarità o connessione emotiva, ma l'attrazione tende a calare con l'aumentare della conoscenza. Insomma, in questi casi il mistero e il silenzio non solo sono d'oro, ma pure piuttosto eccitanti!»

«Capisco,» disse Levansi. Poi, dopo un attimo di silenzio, mi lanciò una domanda un po' scomoda: «Ma quindi mi stai dicendo che le dark-room sono luoghi in cui si incontrano solo uomini attratti da altri uomini? Bisessuali, pansessuali, poliamorosi o omosessuali, per intenderci?»

Beh, guarda un po' Levansi con il suo set di termini aggiornato! Più preparato della metà delle persone della stessa comunità LGBTQIA+.

«Anche io so qualcosa, perché ti sorprendi?» disse Levansi con un sorriso sornione.

Ricambiai il suo sguardo divertito. «Vedi, non sono usi e costumi ad appannaggio della sola comunità arcobaleno. Non serve che ti ripeta l'elenco di orientamenti che mi hai appena snocciolato con tanta disinvoltura. La verità è che la libertà sessuale e la curiosità verso luoghi *"alternativi"* non erano una prerogativa esclusiva della mia comunità. Tutt'altro. Solo che, nel mondo etero, la realtà veniva spesso addolcita, nascosta, imbottita di ipocrisia e "rispettabilità" come se i desideri non convenzionali appartenessero solo agli *"altri"*.»

Levansi si sistemò meglio, segno che stava seguendo con attenzione; quindi, decisi di affondare ancora di più il colpo.

«La comunità gay cisgender, specialmente, non faceva mistero dei propri modi di interagire sessualmente con gli altri, né dei luoghi dove questo avveniva. C'era un'onestà quasi brutale che per molti era naturale, una rivendicazione della libertà di vivere il proprio orientamento senza vergogna. Era, ed è, una forma di visibilità: *Questo sono io e non me ne vergogno.*

Ma nel mondo etero? Ah, lì è tutta un'altra storia. Gli stessi comportamenti esistevano eccome: locali notturni, feste, club, persino quelle cerchie sociali altolocate che organizzavano *"esperienze particolari,"* diciamo così. La differenza? L'ipocrisia. Perché, mentre nella comunità LGBTQIA+ c'era apertura e voglia di parlarne apertamente, le persone etero si aggiravano con la maschera del bravo ragazzo o della ragazza per bene, avvolti nel mantello dei tabù e del giudizio. Tutti lì, a recitare la parte dei timorati di Dio, salvo poi finire in qualche festa privata dove il confine tra monogamia e poliamore si faceva molto, molto sfocato.»

Levansi intervenne. «La differenza stava solo nel modo in cui lo raccontano?»

«Esatto!» replicai. «Vedi, noi almeno non ci nascondiamo dietro veli di finta rispettabilità…continuo con il tempo presente perché è ciò che ora, anche se non sono più lì, accade…e poi sto inciampando nella *consecutio temporum* da quando ho iniziato a parlare con te!

Dicevo, il mondo etero, invece, tiene la facciata intatta e poi giudica noi, perché, sai, se il sesso è fuori dalla *"norma,"* allora è brutto, sporco, cattivo. E lo sai chi dobbiamo ringraziare, vero? Le grandi religioni. Per secoli ci hanno detto che il sesso era peccato, che dovevamo farlo solo per procreare, possibilmente senza troppo piacere, perché il piacere, ovviamente, è il male incarnato. E ora eccoci qui, nel 2024, con gente che ancora pensa che chi fa troppo sesso sia brutto, malfidato e pure un po' dannato.»

Feci una pausa, osservando il cielo, e aggiunsi con un sorriso amaro: «Eppure, se guardi al Tantra, l'atto sessuale era una via per l'evoluzione spirituale. Un'esperienza che portava a un'unione profonda, persino sacra. Ma no, noi abbiamo deciso che il sesso è peccato, brutto, cattivo. Il risultato? Ora pensiamo che il Tantra significhi masturbarsi per ore come Sting. Complimenti al marketing occidentale!»

Levansi scosse la testa. «Insomma, non c'è una via di mezzo?»

Sorrisi, inclinando leggermente la testa. «Non serve una via di mezzo…solo parlarne. Solitamente ci impegniamo a giudicare gli altri, a nascondere quello che facciamo o, al contrario, a mostrarlo per ribellione. E intanto ci perdiamo il punto. Il sesso non è brutto, né sacro per forza. È umano. E, se lo vivi con onestà, può essere persino bello, qualunque forma decida di prendere. Ma questo, Levansi, è un messaggio che né il pulpito né la dark-room si prendono la briga di insegnarti.»

«Capisco,» mormorò Levansi, mentre rifletteva sulle mie parole.

«Sai, ogni tanto mi chiedo, chiedevo, se mai arriverà il giorno in cui anche il mondo etero smetterà di fingere, nascondendo la luna dietro un dito.

Sarebbe interessante vedere una società dove si possa parlare di questi argomenti senza tabù, senza giudizio. Educandola, addirittura, a determinate tematiche senza il bisogno di creare confini fra chi è *"rispettabile"* e chi no: il modo in cui si vive la propria sessualità non può definire il nostro livello di credibilità o di qualità personale.

Una persona che pratica *bondage* è meno *"rispettabile"* di un'altra che fa sesso alla missionaria vecchia scuola? Un uomo etero a cui piace il *pegging*, la stimolazione anale, è meno maschio di chi non si fa sfiorare l'ano nemmeno dalle proprie mutande?
Una conversazione davvero aperta e inclusiva su una sessualità che rispetti davvero le persone per ciò che sono, senza ipocrisie, non la vedo come la discesa della società nel regno di Ade. È naturale: le persone sono *"macchine complesse"* dotate di coscienza e sfumature. Il sesso è, semplicemente, come ti dicevo prima, UMANO».

Levansi annuì e aggiunse: «Sì, trovo stupido e ipocrita, ma anche doloroso, trattenersi per paura del giudizio. Alla fine, chi ne soffre è chi si sente bloccato da un mondo che gli impone di recitare. Ci sono altri posti come le dark-room?» domandò nuovamente Levansi.

«Ah, ma allora ti vuoi fare una cultura!» ribattei.
Levansi mi osservava senza far trapelare nessuna espressione di sorta.

«Ci sono le saune, conosco solo quelle gay ma sicuramente ci sarà una variante etero, ci sono le spiagge gay con angoli per dar sfogo alla creatività sessuale outdoor...o registrare qualche video per Only Fans.
Ci sono le discoteche con i film porno che vanno in onda e puoi masturbarti, se lo desideri...e sicuramente ci sarà molto altro di cui non sono a conoscenza.

Avevo sentito addirittura che qualcuno usava un cimitero come battuage. Da far rivoltare i morti nella tomba!»

«Quindi hai visto una sola dark solo sotto effetto di sostanze stupefacenti…»

Mi fermai a pensare e ricordai una seconda volta nella quale avevo visitato un'altra dark-room.

«Ah sì! Ne ho vista un'altra perché pensavo fosse un bagno!»
«Ti avevano dato della droga in un cocktail anche quella sera?»

Risi. «No, no Levansi; pensavo fosse seriamente un bagno!
Chi se lo immaginava che una dark fosse così vicina alla pista da ballo? Mi stavo pisciando addosso, ho visto una porta pensando *grazie al cielo ho trovato un bagno e senza fila chilometrica!*»

«Invece che mi dici dei cruising? Ne hai mai visto uno?»

«Levansi. Inizio a pensare che tu sappia molto di più di quanto tu voglia farmi credere.
O mi stai facendo delle domande appositamente per raggiungere un certo tipo di argomento. Niente di sessuale, non sto pensando che tu ci stia provando con me…o ci stai provando?»

«No».

«Beh, e come si potrebbe senza un corpo, o meglio, con questa cosa a forma di corpo?
Tornando alla tua domanda. Sì, una volta ho visto un cruising. Da fuori. Uscii con un mio allievo al quale

insegnavo Yoga, era particolarmente attivo sessualmente.

Una sera, dopo la lezione, mi propose di fare un giro. Passeggiammo e ci trovammo davanti a un cruising bar. Non so se fosse premeditata la cosa ma voleva entrarci a tutti i costi. Declinai l'invito più volte finché non mi domandò come facevo a sapere che quell'esperienza non mi sarebbe piaciuta se non avevo mai avuto modo di provarla. E, infine, mi disse che ero una persona limitata.»

«Tu cosa hai risposto?»
Intervenne Levansi.

«L'ho ucciso.
Scherzo.

Gli dissi che a una certa età, forse, certe esperienze sai che non sono, come dicono in Inghilterra, la tua "cup of tea" oppure la tua fetta di torta. Non mi ritengo una persona bacchettona pronta a giudicare i comportamenti sessuali altrui. Ogni persona può fare un po' come gli pare, non credi Levansi?»

«Certo.» Asserì andando su e poi giù con il capo. Sembrava avesse preso la rincorsa per darmi il suo consenso e continuò con la sua domanda: «Secondo te, quando nasce il problema?»

«Quando qualcuno decideva di venire a pisciare nel mio orticello, direi.

Davvero, ogni persona era libera di fare ciò che voleva, ma quando cercavano di impormi un punto di vista, insistendo perché facessi o agissi in quel mondo, o – peggio ancora – mi giudicavano, beh…diciamo che mi facevano girare un po' il Cristo.»

Mi fermai un attimo, riflettendo. «Alla fine, era una questione di rispetto. O forse di ascolto. Io rispettavo quello che facevano le altre persone. E, allo stesso modo, come in qualsiasi relazione di successo, gradivo biunivocità; anche se le mie idee potevano sembrare strane o bizzarre.»

«Perché ritieni che le tue idee siano bizzarre?»

«Perché ho notato che su molte cose la penso in modo differente: perciò le chiamo *"bizzarre."*
È più simpatico così, no? Anche se, quando le mie idee si scontravano con i guru delle verità assolute, l'atmosfera diventava tutt'altro che simpatica.»

Feci una pausa, poi sorrisi al pensiero di un episodio passato.
«Una volta un tipo sui social mi scrisse di voler fare sesso con me, a scatola chiusa. Ogni volta che capitava, mi chiedevo sempre come si possa promettere di andare a letto con un'altra persona senza neanche averla mai incontrata, decidendo a tavolino che *"si farà sesso."* Non potevo dire che non fosse attraente, in foto, ma avevo anche notato che aveva un partner da parecchi anni.

Così, ho sempre limitato lo scambio di messaggi con un tono leggero e di circostanza, senza mai spingermi oltre. Rispettavo il fatto che avesse una relazione, e la questione finiva lì, almeno per me. Ma poi, una mattina, dal nulla, mi arrivò un suo messaggio in cui mi proponeva di *"divertirci insieme."* E no, non intendeva certo trovarci per giocare a scala quaranta.»

«E tu cosa hai risposto?» chiese Levansi.

«Beh, prima di tutto l'ho ringraziato, e poi ho declinato

gentilmente. Era pur sempre un complimento, e in fondo preferivo prendere il lato positivo delle cose, piuttosto che mettermi a giudicare il fatto che una persona impegnata mi proponesse di fare sesso. Per me era finita lì….»

«E invece?» chiese Levansi, già intuendo che la storia aveva preso una piega imprevista.

«Lui sentì il dovere di convincermi del suo punto di vista. Quanto tempo libero aveva il tipo per discutere di questioni non richieste!

Decisi comunque di leggere cosa avesse da dirmi con tutta quella urgenza. Chi lo sa? Magari mi avrebbe rivelato una verità profonda, una di quelle rivelazioni sulla vita che ti lasciano pensare per ore. Le verità, dopotutto, arrivano spesso dai posti più inaspettati… anche da certi episodi di Sailor Moon.»

Mi fermai un momento per osservare il sole sull'orizzonte, i riflessi dorati che brillavano sull'acqua.

«Quindi, che ti disse?» Levansi mi riportò al discorso.

«Oh, beh, niente di così illuminante, a dire il vero. Si prese la libertà di chiedermi se avessi qualche problema o senso di colpa, dato che, a detta sua, il tutto era *"un accordo consensuale"* con il suo partner. Ma non mi sentivo affatto in colpa; semplicemente preferivo incontrare persone libere, felici e disponibili. E se poi mi innamoravo? Avrei già avuto uno *"svantaggio in partenza"* …»

Mi fermai un attimo, poi aggiunsi: «La sua epistola digitale non finì lì. Continuò. Mi scrisse una frase che mi lasciò una certa amarezza addosso.»

«Che frase?» chiese Levansi.

«Mi scrisse che *"una coppia aperta è l'unico modo per andare avanti dopo tanti anni."* Ecco qua, la Verità Assoluta. Ma in quel momento mi chiesi: è davvero così? È questo il destino inevitabile?»

«Non credi in questa versione delle relazioni di coppia?» chiese Levansi, pensieroso.

«Io credo a tutte le versioni dell'esistenza, Levansi! Ma quando me la presenti come una verità assoluta, l'unica opzione possibile, allora comincio ad avere qualche problema. Che differenza passa tra questa persona e chi dice che una coppia è formata solo da un uomo e una donna? Mi ricordava i preti del mio paese, col loro proselitismo.

Io sognavo di trovare qualcuno con cui stare nel tempo, di scoprirci e arricchirci insieme. Mostrare il lato più intimo di me, sì, anche fisicamente, solo a quella persona. Per me l'intimità è la gemma più preziosa di un rapporto, e non mi va di distribuirla come un gadget di *guerrilla marketing*.»

«Quindi, per te l'intimità è una questione di parti del corpo?» domandò Levansi, curioso.

«Anche. Trovo estremamente affascinante l'idea che una persona possa avere accesso esclusivo a certe parti di me, e che si possano scoprire, insieme, nuovi scenari. Togliersi i vestiti e scoprire un corpo diverso dal proprio è un pensiero che scatena l'immaginazione. In un mondo che ti suggerisce di mostrare tutto, sempre e comunque, io coltivo la mia idea personale di eroticità, evitando troppi spoiler fotografici.

Questo è un altro dei motivi per cui non amavo usare le chat. Troppa carne in bella vista, subito: foto di genitali e orifizi come se piovesse, profili che sembravano brochure.

Bio che si aprivano con preferenze sessuali e dettagli fin troppo espliciti, conditi da una certa arroganza e tossicità. Capisco i gusti personali, estetici o caratteriali – ogni persona ha i propri, dopotutto – ma davvero era così difficile esprimere cosa piaceva senza far sentire qualcun altro una nullità? Perché esistevano, anche, persone che entravano in queste chat con la semplice voglia di sentirsi parte di una comunità, di trovare un sostegno, di parlare con chi viveva le stesse difficoltà. Ce n'erano tante, Levansi.

Ricordo, per esempio, J., un ragazzo che mi contattò sui social. Viveva in un piccolo paesino, proprio come il mio, e voleva soltanto fare quattro chiacchiere nelle dating app. E invece si ritrovava sommerso da insulti per il semplice fatto di portare i capelli lunghi, raccolti in due trecce che incorniciavano il viso. Messaggi come:

…checca…
…sei una femmina…
…ce l'hai uccello? …

Questi commenti erano all'ordine del giorno, come se non bastassero gli sguardi di disapprovazione e le offese che J. *"vinceva"* per il semplice fatto di camminare nella piazza del paesello.

E lui era lì, come tanti altri user, cercando un modo per appartenere, per trovare un senso di connessione. Fortunatamente, J. imparò a farsi strada e a scoprire gruppi di persone queer con cui aveva una forte affinità, non solo nell'espressione, ma anche nelle idee e nei valori. Persone con cui poteva parlare, ridere e anche discutere di come affrontare l'ignoranza di chi credeva ancora che l'androginia o la femminilità di un uomo fossero la causa degli stereotipi che gravavano sulla comunità.

Perché la verità, Levansi, è che non sono le persone queer la causa di questi stereotipi…torno al tempo presente.

La causa sta nell'incapacità della società di accettare ciò che è differente dai suoi rigidi schemi. Quegli stereotipi derivano dalla paura e dall'intolleranza, dal bisogno di etichettare e semplificare tutto, di ridurre tutto a categorie comode, rassicuranti per chi non vuole fare lo sforzo di comprendere. La colpa non è certo di chi ha il coraggio di essere com'è e di vivere secondo la propria natura. Anzi, se mai, è grazie a queste persone che la società avanza, anche se lentamente, verso una maggiore accettazione e comprensione.

In fondo, se una persona sceglie di esprimere sé stessa in modo libero, senza nascondersi, non fa che vivere nel modo più naturale per lei. Le persone queer, con le loro espressioni, i loro modi di vivere e amare non creano stereotipi; li rompono. È chi si ostina a giudicare, a etichettare, a puntare il dito che mantiene vivi quei pregiudizi. Non si può attribuire la colpa a chi cerca di esistere onestamente, ma piuttosto a chi rifiuta di vedere oltre le proprie limitate visioni del mondo.

Tornando a me.

Con una buona dose di ironia leggevo certe bio, su queste app, che sembravano scritte per *"sedurre"* in stile curriculum aziendale. Tipo:

Mi piacciono i cani, i viaggi, sono una persona semplice… attivo versatile… 20 cm… no effemminati, no mezze donne, no neri, no trans…

Che classe, che *savoir-faire*.
Tutte descrizioni che depredavano e violentavano il mio piacere della scoperta, dell'allusione, del vedo-non-vedo. Poi

mi resi conto che stavo dando a questo tipo di utenti – tipo *XLTOP20* che non vuole *"effemminati"* – il potere di rubarmi qualcosa. Ogni volta che mi ritrovavo a scrollare l'ennesimo profilo, perdevo un pezzetto di quello che davvero mi interessava: il gusto della scoperta, della leggerezza, del conoscersi a piccole dosi. Mi resi conto che, in quelle chat, stavo iniziando a pensare e a comportarmi proprio come quei tipi che non avrei mai voluto diventare. Da giovane avrei giurato di ignorarli e di invecchiare felice, senza mai assomigliare a loro.

Che dire…mi è andata bene perché sicuramente non diventerò come loro. Sono qui!»

Risi della mia riflessione e continuai «Così, con la stessa risolutezza con cui cancelli vecchi numeri inutili dalla rubrica, decisi di eliminare tutte le app. Addio alle bio aziendali, agli annunci *"ad personam"* pieni di insulti, e ai profili che sembravano usciti dalla bocciatura di uno spot con un orribile del tipo… *"Se lei sapesse com'è fresco, vorrebbe il mio!"*.

Parlando poi di queste tematiche, durante le classiche chiacchiere da bar, alcune persone mi rispondevano: *"ma almeno così risparmi tempo, sai già cosa vogliono!"*

Ah sì, certo.

Ma la verità è che a me non interessava risparmiare tempo; preferivo perderne un po', magari il doppio o il triplo, purché fosse tempo dedicato a gustarmi l'avventura e a scoprire l'altro con un po' di mistero, senza riassunti o liste della spesa.»

«Ma non avevano un po' di ragione?» chiese Levansi.

«Forse per loro, sì. Per lavoro già pianificavo molte cose, ma non mi sentivo a mio agio nel pianificare anche una scopata. Personalmente, il tempo speso per esplorare un'altra persona non l'ho mai percepito come una perdita, nemmeno se non c'era un feeling sessuale incredibile. E poi, Levansi, il tempo che dedicavo a conoscere qualcuno non era certo tempo sottratto alla salvaguardia del buco dell'ozono o alla risoluzione della fame nel mondo!

Se andava male o c'era incompatibilità? Beh, era comunque un'esperienza da mettere nello zaino e portarsi a casa, in qualunque forma si fosse presentata. Anche dormire con un pigiamino di pile.»

«Pile?»

Sorrisi.

«Una volta, in un bar, conobbi un ragazzo bellissimo: alto, con un simpatico accento romagnolo che aggiungeva un certo fascino. Ci ritrovammo, quasi per caso, nell'area fumatori del locale, e lì ci baciammo. Da quel momento, la decisione di andare a casa sua per trascorrere la notte fu praticamente naturale.

Quando entrammo mi fece togliere le scarpe e mi diede un paio di ciabatte imbustate nuove di zecca. Pensai che ci tenesse alla pulizia. Non era poi un segnale così preoccupante. Poi mi preparò dei tramezzini, li mangiammo, e pensai fosse arrivato il momento di divertirci ed esplorarci.

No.

Mi diede un set per lavarmi i denti comprensivo di spazzolino, dentifricio, filo interdentale e scovolini. Tutto nuovo e impacchettato. Potevo ancora comprendere quel genere di premura: l'alito del gin tonic combinato a un tramezzino al tonno non è il massimo della vita.

Uscii dal bagno e mi chiamò in camera da letto.

Finalmente, pensai. Invece di trovarlo in mutande spaparanzato sul letto era in piedi a sistemare un pigiamino verde in pile con gli orsacchiotti. Lui ne indossava uno, sempre in pile, di colore blu, con gli stessi orsacchiotti.

Non mi trattenni e scoppiai a ridere. Non indossavo un pigiama da quando avevo nove anni. Io di solito dormivo in slip bianchi e canottiera, quattro stagioni su quattro.

Chiesi scusa per la sfacciataggine, indossai il pigiama e mi misi nel letto. Lui precisò che aveva appena cambiato le lenzuola: erano fresche di bucato e messe alla perfezione. Quasi sicuramente le aveva inamidate e stirate. Quando finalmente eravamo nel letto provai a toccarlo qua e là ma non dava nessun cenno di vita.

Dopo un paio di minuti stava beatamente russando. Decisi di non insistere, mi addormentai anche io abbracciandolo e il giorno dopo, di buon mattino, ringraziai e me ne andai.

Non ti nascondo che durante la notte mi svegliai diverse volte per sincerarmi che non mi stesse tagliando a pezzi per coronare quello scenario inaspettato.»

«Scusami, ma perché hai lasciato casa sua così presto?» chiese Levansi. «E perché non hai dormito, non stavi bene?»

«Non lo so... era solo... strano. Voglio dire, quando qualcuno ti porta a casa, di solito...»

«Di solito?» Levansi mi lanciò uno sguardo acuto. «Quindi, appena entri in una casa, dai per scontato che finirà in un certo modo?» Il suo tono era penetrante, quasi pungente. «Non è che magari hai lasciato che le tue aspettative ti ingannassero? Magari quell'uomo era solo... gentile?»

Gentile. Non avevo mai considerato quell'ipotesi. Ma che cazzo...vittima inconsapevole di stereotipi e aspettative.

«Lo so, ma vedere il problema è già metà della soluzione: c'è gente che non riesce a vedere un elefante in un monolocale.»

Levansi interruppe la mia silenziosa riflessione. Ci stavo prendendo l'abitudine. E complimenti per la figura retorica: era perfetta!

«Grazie. Cosa hanno detto le persone che conoscevi?»

«C'era stato uno sconcerto sottile, e non tanto per il pigiama di pile con gli orsetti o i tramezzini offerti con tale naturalezza. No, anche quello, certo, ma c'era dell'altro. Sembrava che il vero scandalo fosse stata l'intimità senza preavviso, l'aver dormito accanto a qualcuno la sera stessa in cui l'avevo incontrato. *Ma come, già così in confidenza?*"

Mi chiedevo come mai la gente sembrava trattare un letto condiviso come un patto infrangibile, una specie di contratto implicito. In fondo, non ci si faceva problemi a mandare in giro foto di qualsiasi centimetro di pelle e orifizio, scambi di dettagli fisici a distanza, senza pensieri. Io invece non trovavo nulla di strano nel dormire con qualcuno la notte stessa in cui l'avevo conosciuto: sicuramente non avrei corso il rischio di *revenge porn*.

Un giorno, forse, troverò il modo di risolvere questo enigma, questo eterno contrasto che tormentava le persone. Tra confidenza digitale e intimità reale sembrava esserci un baratro che poche e pochi riuscivano a colmare.»

Mi fermai.

Un giorno?

Non ero più sulla terra, un giorno quale?

Trovare cosa?

MATTINO

«Andiamo dentro», mi esortò Levansi.

«Certo. Alzo il mio gentil fondoschiena di ectoplasma.»

«Non cambierà molto. Ma andiamo comunque, sta arrivando il mattino.»

Il sole iniziava a sollevarsi nel cielo, tingendolo di un azzurro cristallino che raramente avevo visto sulla terra. Somigliava molto al turchese Tiffany. Mi venne da ridere: ero in realtà in una scatola di Tiffany?

Il mare rifletteva lo stesso colore del cielo, tanto che l'orizzonte marino sembrava fondersi con quello celeste. Era tutto così incantevole! Mi dispiaceva dover lasciare il porticato esterno.
Tuttavia, il padrone di casa mi aveva chiesto di entrare, e non feci storie. Chissà quante altre albe mi aspettavano in quel luogo. Con un sospiro varcai la soglia della casa di Levansi, una dimora che sembrava custodire un segreto legato alla purezza. Il pavimento di legno bianco trasmetteva una sensazione di immacolata tranquillità sotto i miei passi, mentre le pareti candide riflettevano la luce eterea dei primi raggi del sole.

Era l'opposto della mia casa, adornata da una moltitudine di oggetti e decorazioni. Questo luogo, al contrario, trasudava l'essenzialità in modo così radicale da sembrare quasi vuoto.

Qui, l'essenziale era più che visibile agli occhi. Mi corressi mentalmente: non c'era nulla, un cazzo di niente. Quel luogo incarnava il nulla, qualcosa che avevo sempre rifiutato nelle mie mura domestiche, nemmeno sulle pareti, che solitamente riflettevano la mia personalità. Tuttavia, una cosa attirò la mia attenzione: uno specchio, appoggiato su una delle pareti bianche.

Mi avvicinai con l'estrema curiosità di vedere se il riflesso che avevo intravisto nelle vetrate si sarebbe materializzato anche lì, dissipando ogni mio dubbio.

Ero proprio io: la mia figura alta e imponente si rifletteva nell'opaca superficie dello specchio. La linea nera del kajal agli occhi contrastava con i miei capelli ricci e brizzolati, che cadevano in modo selvaggio e libero.

Indossavo una salopette della Levi's, che cadeva dritta lungo la mia silhouette magra. Una camicia ampia, aperta con disinvoltura, lasciava intravedere le linee del petto, il japa mala e le collane di perle e ossa bianche che avevo acquistato in India. Il mio riflesso, sorprendentemente nitido e tangibile nonostante la morte avesse avvolto la mia esistenza, mi fece indietreggiare di qualche passo. Osservai con stupore la mia figura nello specchio, contemplando come quella forma stesse sfidando la linearità del tempo e dello spazio. La stranezza di vedermi, come se vibrassi di vita, amplificava la meraviglia e l'incredulità di fronte a questa nuova forma di esistenza.

Levansi, vedendomi arretrare rispetto allo specchio, si avvicinò per riflettere la sua figura accanto alla mia. «Vedi? Non c'è nulla di cui preoccuparsi. Siamo sempre noi, anche qui.»

«Mi intimoriva ciò che avrei potuto vedere allo specchio.»

«Lo so. Qui non puoi vedere chi sei davvero. Sono le tue storie che lo fanno. Cosa ti piace del tuo corpo?»

«I ricci. Sono stati il simbolo della mia presa di coscienza di genere. Scoprire di avere i capelli così ha infranto un circolo vizioso di cui ero vittima inconsapevole.»

Cazzo, un ennesimo scenario in cui ero la vittima…

«Cosa ti faceva soffrire?»

«Svariate idee intrecciate come gli anelli di una catena insidiosa che difficilmente percepivo ma che mi teneva sotto controllo. La prima convinzione era che i miei capelli non avessero una forma. Quando crescevano, mi sembravano indomabili e li tagliavo in continuazione. Li portavo corti anche per l'idea che i capelli lunghi fossero da donna, mentre quelli rasati, ordinati e scalati, piacessero di più agli uomini. Nutrivo la silenziosa convinzione che, per meritarmi il tipo di uomo che mi piaceva, dovevo somigliare a lui il più possibile.

Un pomeriggio, prima di andare al compleanno di una cara amica, decisi di annullare l'appuntamento dal parrucchiere, spettinare i capelli che stavano crescendo, metterci acqua e gel, e uscire, fregandomene che non fossero lisci e in ordine. Con mio grande stupore, mi sentii a mio agio, e le persone presenti alla festa accolsero con molti complimenti questo cambiamento. Decisi allora di informarmi su come prendermi cura dei ricci e di andare in analisi. È buffo come si vada dall'analista per un capello!»

Levansi sorrise e mi invitò a sedermi in uno spazio arredato con un tappeto beige di canapa, due poltroncine grigie e un braciere con carboni ardenti, l'ennesimo. Sembrava fosse il *must-have* di quel luogo. Ne ricordavo così tanti solo a casa di mia nonna paterna: uno in ogni stanza. Era bello addormentarsi sul divano, fissando il carbone che pian piano passava dal rosso al grigio, per poi finire in cenere.

Levansi fece cenno di sedermi, e sprofondai in una poltrona comodissima.

«Che comoda!»

«Sono contento che tu sia a tuo agio.»

«Grazie di tutto, Levansi.» Presi una pausa, un po' di coraggio, e gli domandai: «Ma tu chi o cosa sei?»

Mi osservò per un attimo e rispose con tono calmo e pacato: «Secondo te chi o cosa sono?»

«Non vale!» sobbalzai dalla poltrona. «Non si risponde a una domanda con un'altra domanda!» e sprofondai nuovamente, con aria abbattuta, nella poltrona.

Levansi continuava a fissarmi in silenzio, con quell'aria enigmatica che iniziava a mettermi a disagio. Cercai di resistere, ma alla fine persi la pazienza e, sbottando, esclamai: «Va bene, però voglio sapere!»

Come se non avesse sentito, o forse proprio per evitarmi una risposta, Levansi decise di cambiare discorso.

«Tu credevi di finire in una casa davanti al mare a parlare con me?»

«No. Io credevo di avere la possibilità di visitare l'Universo. Che diamine, è gigantesco! Mi sembra uno spreco di spazio, con tutti quei miliardi di galassie. Cosa riusciamo a vedere noi, povere creature umane, dalla terra relegata in un braccio della spirale della Via Lattea? Non posso e non voglio credere che non ci sia una remota possibilità di poter visitare le meraviglie e la vastità universale... mi accontenterei di un vagabondaggio spaziale anche sotto forma di fantasma! O come un fotone... sai, quelle particelle emesse dalla luce che viaggiano per milioni di anni luce...»

«Ho presente», rispose immediatamente Levansi e continuò come se non avesse interrotto bruscamente la mia frase: «Ho notato che parli di te senza un riferimento diretto a un genere maschile o femminile. Anche tu lo hai notato? Tu che stai leggendo queste parole, in questo preciso momento, su questa pagina...»

Ma che cavolo sta blaterando Levansi? Tanto sapevo avrebbe colto il mio pensiero. Noncurante, continuava il suo discorso.

«Secondo te, la persona che mi sta parlando è un uomo o una donna? O potremmo pensare sia, semplicemente, una persona? Perché è così importante che sia un uomo o una donna: a te cosa cambierebbe?»

«Ma a chi stai rivolgendo questa domanda?», risposi.

«A chi sta leggendo questa pagina...»

«Ah... come nella *Storia Infinita*. So che non mi risponderesti se ti chiedessi ulteriori spiegazioni, giusto?»

«Giusto»

Intanto canticchiavo mentalmente
Turn around, look at what you seeeeeeeeee...
In her face...the mirror of your dreeeeeeeeeaaaaaaaams

Continuai, cercando di togliermi dalla testa la canzone della *Storia Infinita*.

«Quindi tanto vale che risponda alla tua osservazione.

Parlo di me utilizzando frasi e locuzioni che non si riconducono né al genere femminile né a quello maschile. È una scelta precisa, che riflette la mia percezione intima, soggettiva e personale. La mia identità è un mix dei due generi, ma non si limita a uno né all'altro. Questa consapevolezza mi porta a decidere, in modo del tutto arbitrario, di non adottare una connotazione specifica, né maschile né femminile. È una scelta linguistica che mi rappresenta.»

Levansi continuava a fissarmi in silenzio, il che, conoscendolo, significava solo una cosa: stava preparando una domanda. Non mi fece aspettare a lungo. «Quando è iniziata questa percezione?»

Sospirai leggermente, cercando di riordinare i pensieri. «In realtà, credo di averla sempre avuta, fin dalla tenera età. Le prime domande iniziarono quando avevo otto anni, mentre preparavo una parrucca fatta di striscioline di carta bianca per uno spettacolo teatrale improvvisato a casa. Era dedicato a mia nonna, che stava con noi per riprendersi da un'operazione delicata. Man mano che fissavo quelle strisce ai miei capelli con mollette colorate, le domande si facevano strada nella mia testa: *perché mai i "maschietti" e le "femminucce" devono avere regole così diverse?*»

Vidi un'ombra di interesse negli occhi di Levansi, quindi continuai. *«Perché i maschietti devono giocare con le macchinine e le femminucce con le bambole?*
Perché i bambini non devono piangere mentre le bambine sì?
E ancora, perché le femmine devono indossare grembiulini rosa con colletti di pizzo mentre i maschi possono godersi la libertà del blu?

Mia madre mi diceva persino di non raccontare in giro che mi divertivo a fare parrucche e spettacoli teatrali. Sai perché? Altrimenti, secondo lei, avrei avuto problemi. Problemi! Come se il mondo crollasse se un ottenne con le mollette in testa provava a divertirsi!»

Feci una pausa per osservare la sua reazione, poi alzai il livello dello sfogo. «Con gli anni, le domande sono diventate più grandi e, beh, più scomode.

Perché se un uomo scopa con tante donne è un figo, ma se una donna fa la stessa cosa è una troia?

Perché un uomo non può indossare una gonna o truccarsi senza diventare bersaglio di sguardi torvi?

E perché una donna con i capelli corti e gli abiti maschili viene automaticamente etichettata come "maschiaccio" o, peggio, "lesbica camionista"?»

Levansi fece spallucce. «È ridicolo, lo so. Eppure, queste assurdità erano ovunque. Mi sono sempre sembrate medicine amare che la società voleva farmi ingoiare a forza. Il problema? Io le rigettavo, sempre. Sentivo crescere un senso di insofferenza che col tempo è diventato una prigione, con i rigidi ruoli di genere come carcerieri. Tutto questo perché qualcuno, da qualche parte, aveva deciso che il mio organo sessuale doveva essere l'oracolo del Nord della mia identità. Per rimanere in tema *La Storia Infinita*.»

Feci una pausa, lasciando che le mie parole risuonassero, poi continuai con un sorriso sarcastico. «E non finisce qui. Bastava cambiare latitudine per far crollare il castello di carte. In Giordania, il kajal è normale per gli uomini. In Irlanda, le gonne sono un simbolo maschile. Ma prova a mettere un velo di kajal o una gonna qui, ehm…lì, e ti crolla addosso una valanga di giudizi. *"Non si fa."* Ah sì? E chi lo dice?»

Levansi annuì. «E poi? Cosa è successo?»

«Poi è arrivata la consapevolezza, ma a piccoli passi. Prima, ho fatto crescere i capelli. Un piccolo gesto, ma potente. È stato il primo colpo contro l'idea che solo le donne possano avere chiome lunghe. Poi sono arrivate le unghie smaltate, un po' di trucco – delicato o audace, dipendeva dall'umore – e vestiti che attingevano da entrambi i generi. E da entrambi i reparti UOMO o DONNA dei vari negozi. Non erano i vestiti o il trucco a definirmi, ma la libertà di scegliere ogni giorno come volevo presentarmi al mondo.»

Levansi si sporse leggermente in avanti. «E il termine Non Binary? Quando è arrivato?»

Sorrisi. «Ah, quella è stata un'avventura in sé. La mia analista me lo propose durante una seduta. Disse che non voleva essere un'etichetta, ma una parola per rendermi visibile, chiamabile. Sai come mi rispose quando le chiesi di spiegarmelo meglio? *"Guardi Queer Eye su Netflix, edizione americana. Ne parliamo la prossima settimana."*»

Scoppiai a ridere al ricordo.

«E l'hai guardato?» chiese Levansi.

«Certo che sì! Quando Jonathan Van Ness, una persona non binaria, comparve sullo schermo, tutto divenne chiaro. La sua bellezza, il suo modo di mescolare stili e generi, era la risposta che cercavo. Era la prima volta che vedevo rappresentata una possibilità che somigliava a me. Non ringrazierò mai abbastanza quella sfinge della mia analista e Jonathan per avermi aperto gli occhi.»

Levansi mi fissava con attenzione. «Quindi quella parola è diventata una rivelazione per te?»

Annuii con decisione. «Assolutamente. Non Binary non è solo una parola. È una porta aperta su un mondo dove i confini di genere si dissolvono. È una festa, un inno alla libertà, dove puoi prendere ciò che vuoi e lasciare il resto. È stata la chiave per demolire quei muri che mi imprigionavano, muri che senza accorgermene avevo eretto anche contro altre persone di genere non conforme. Ora lo so: non siamo mobili Ikea prodotti in serie. E sai una cosa,

Levansi? Questo è *BBBBELLISSIMO*, come direbbe l'Arcuri presentando *Il Labirinto Femminile*! Di Alfonso Luigi Marras!»

Mi girai di lato, affondando nella poltrona, con un sorriso divertito. «Ecco, tutto questo per dirti che le etichette possono limitarti, ma a volte, se usate bene, ti regalano la libertà di essere chi sei davvero.»

Levansi continuava a guardarmi con quella sua espressione imperturbabile, eppure carica di curiosità. Dopo un attimo, pose la domanda: «Come ti rapportavi al tuo corpo? Volevi cambiarlo?»

Sorrisi, con una punta di sarcasmo. «No, Levansi. L'analisi mi ha aiutato a capire che il mio corpo andava bene così com'era, anche se non rientrava negli standard di bellezza che la *"Società & Social S.p.A."* mi avevano inculcato. Sai, quel pacchetto standardizzato di modelli estetici irraggiungibili, pubblicità patinate e filtri Instagram che ci dicono cosa dovremmo essere per sentirci accettabili. Non ho mai sentito un'urgenza di adattare il mio corpo a un'idea interna di me, non c'era quella frattura insopportabile tra ciò che ero e ciò che percepivo.

E soprattutto, una volta compreso cosa significhi essere Non Binary, ho capito che non avevo bisogno di incasellarmi o forzarmi in un'immagine specifica per definirmi. Il mio corpo non aveva bisogno di essere cambiato per validarmi; andava bene così, con le sue imperfezioni e i suoi limiti. È stato liberatorio capire che non dovevo combattere contro di esso per trovare il mio posto nel mondo.»

Feci una pausa, osservando la sua reazione, poi ripresi. «Il corpo che ho – che avevo e che avrò – mi piace. Ma non lo considero superiore o inferiore a un altro, indipendentemente dal sesso biologico. E poi, Levansi, spiegami una cosa: perché mai 500 grammi di salsiccia – se va bene –

dovrebbero valere più di una vagina?»

Levansi rispose. «Non saprei.»
«Nemmeno io!» replicai con un sorriso. «Io usavo il mio corpo come un albero di Natale.»

Lo sguardo perplesso di Levansi mi spinse a elaborare. «Un albero di Natale che decori come ti pare. Ogni giorno attaccavo qualcosa: un vestito, uno smalto, un accessorio, un'idea. Era il mio modo di urlare al mondo che non cade un meteorite se indosso una gonna o un bomber, se sfoggio uno smokey eye o porto i capelli raccolti in uno chignon, magari mentre rutto facendo uncinetto con le gambe incrociate.»

Alzai le mani in segno di resa e aggiunsi: «Ok, avrei voluto concludere la frase con *"teste di minchia!"*.
Ops, l'ho appena detto!»

«Eh… sì…» confermò Levansi.

«Ecco, Levansi, il punto è che la mia identità è una questione di ciò che sento dentro, nella mia intimità più profonda. Non ha niente a che fare con l'aspetto esteriore, con questo involucro. Ed è proprio questo che la gente non capisce: ciò che non vede diventa per loro incomprensibile, quasi inesistente.»

Mi fermai un istante, poi aggiunsi con tono pungente: «La cosa più divertente è che queste stesse persone passano la vita a pregare un'entità che non hanno mai visto e che, però, guida le loro vite. Insomma, giudicano ciò che non vedono e intanto affidano tutto a qualcosa di invisibile. Non trovi sia ironico?»

Levansi si limitò ad annuire, lasciandomi proseguire. «Paradossalmente, la gente riesce a comprendere meglio una persona transgender che decide di cambiare i propri tratti fisici. Perché? Perché è visibile. Tangibile. Finché possono vedere una trasformazione concreta, riescono ad accettarla – o almeno a tollerarla.»

Mi fermai, consapevole della cazzata che avevo appena detto. «No. Scusami. Tollerare un cazzo. Le vittime transgender, con o senza riassegnazione di genere, continuano a essere tantissime. È una vergogna! Indipendentemente dall'estetica, il messaggio sembra sempre lo stesso: *Come osi modificare ciò che Madre Natura ti ha dato?*

Come se Madre Natura avesse mai dato un manuale di istruzioni o garantito la perfezione. E poi, diciamolo, chi li ha nominati suoi portavoce ufficiali?»

Feci un gesto vago con la mano. «È come voler calcolare la lunghezza di un'ipotenusa senza mai aver chiesto a Pitagora come si fa. Solo che per certe menti basta farsi un'idea superiore e stop. Non importa se non hanno mai vissuto quell'esperienza.»

«Quindi pensi che nessuno possa mai capire davvero?» chiese Levansi, con un filo di tristezza nella voce.

«Esatto. O meglio. Nessuno potrà mai capire fino in fondo cosa significhi vivere in un corpo che senti di dover adattare alla tua visione interiore per stare bene. È un percorso che può sembrare incomprensibile e lontano per chi non l'ha vissuto, ma questo non lo rende meno reale o meno doloroso.

Non è un cammino semplice, e di certo non è come scegliere un vestito da un catalogo, provarlo e dire: *'Ecco, ora va tutto bene.'* È molto più complesso, come cercare di costruire una casa stabile in mezzo a una tempesta: ci vuole coraggio, tempo e una forza che pochi comprendono.

L'unica cosa che si può davvero fare è ascoltare. Non un ascolto superficiale, ma uno vero, profondo, che va oltre le parole e si sforza di comprendere le sfumature di un'esperienza che non ti appartiene. Ascoltare la storia di una persona significa riconoscerla, accoglierla e darle lo spazio di cui ha bisogno per esprimersi senza paura di essere giudicata. Perché, a volte, anche solo sentirsi davvero ascoltati può fare una differenza enorme.»

Mi fermai un attimo, poi aggiunsi: «E sai una cosa, Levansi? Se proprio non riesci a comprendere o non ti interessa, c'è sempre il santo undicesimo comandamento che Mosé ha dimenticato di portar giù dal Monte Sinai: *fatti una bella spaghettata di cazzi tuoi!*»

Levansi sorrise.
«Mosè era un po' stralunato in effetti…»

Sorrisi, inclinando la testa di lato. «Mosè? Aspetta, vuoi dirmi che lo conosci? No, no, non rispondere, non so se voglio sapere...»

«Mi parlavi della tua identità di genere come una sorta di ariete pronto a sfondare le barriere degli stereotipi dualistici. Non avevi paura di tradire le aspettative sociali?»

«Partirei da ciò che penso siano le aspettative.
Di chi, alla fine, sono queste aspettative? Sa Dio… Chi ha deciso che uomini o donne debbano fare, dire, apparire o amare in un determinato modo, se non la scelta arbitraria e soggettiva della maggior parte delle persone? Parliamo di aspettative sociali mutevoli… o fluide, un termine che si è finito per odiare per utilizzo improprio: povero Bauman!
La storia dell'umanità dimostra che usi e costumi cambiano in base allo spazio e al tempo o a ciò che le religioni o la politica decidono sia giusto.
Le persone, da brave pecorelle *allegramente inconsapevoli*, come direbbe Miranda, vi aderiscono per comodità o per non

essere criticabili... se non perseguibili. Il che mi porta a considerare la frase *"Tanto... è così che va il mondo..."* degna di nessun credito. Mi domandavi anche se avevo paura. Confermo.»

«Perché?»

«Il contesto in cui vivevo voleva che io mi esprimessi in una modalità socialmente accettata, onde evitare insulti, discriminazioni, occhiatacce, commenti non richiesti e, in alcuni casi, anche violenza fisica.

"Fai come ti pare, ma se ti insultano o ti menano, sei tu che te la sei cercata uscendo così."

C'è sempre questo maledetto messaggio di fondo, simile alla radiazione cosmica di fondo dopo il Big Bang.
"Te la sei andata a cercare" si dovrebbe dire a chi evade le tasse, non a una persona che liberamente si esprime come vuole. Non commettevo nessun crimine legalmente riconosciuto, ma era come se avessi un puntino rosso di un laser puntato addosso, pronto a trasformarsi in un colpo letale da un momento all'altro.»

«Mi dispiace che nel mondo esistano questi messaggi di fondo», intervenne Levansi per farmi prendere fiato. Stavo respirando?

«Anche a me spiace, sai. Mi vengono in mente certe situazioni surreali, tipo quando lo splendido di turno si avvicinava con quell'aria condiscendente e ci diceva: *"Ma la comunità LGBTQIA+ ha tutto ormai... cosa volete di più?"*

Un Cynar sicuramente no, grazie, anche se ero probabilmente una delle poche persone che se lo scolava dopo cena. No, io volevo semplicemente quello che avevano gli altri. Sai, *gli altri*, quelli che esistono in questo, quel, mondo senza dover giustificare la loro presenza a ogni passo.

E di solito rispondevo a questi geni con una serie di domande. Sai, un po' come fai tu ogni tanto con me.»
«Del tipo?»

«Beh, iniziavo così: *"Tu, rappresentante onorario della comunità etero, dimmi una cosa… ti è mai successo che qualcuno ti consigliasse di tenere un "profilo basso" in alcune città italiane?*

O magari: *Ti è mai capitato di doverci pensare due volte prima di prendere la mano del tuo partner in pubblico, perché in certi posti potrebbe essere una pessima idea?*

Ti hanno mai suggerito di evitare di parlare del tuo compagno o compagna a tavola con la tua famiglia? Sai, giusto per non "creare problemi"?

Poi continuavo: *Ti è mai successo di essere cacciato da un locale perché "troppo vistoso"?*
Oppure: *Ti è mai capitato che la tua famiglia ti allontanasse perché non accettava chi ami o chi sei?*

E ancora: *Qualcuno ti ha mai guardato con disprezzo, senza nemmeno conoscerti? Ti hanno mai chiesto: "Cosa sei?" come se fossi un puzzle incompleto o un alieno in missione segreta?*

Hai mai dovuto portarti uno spray al peperoncino o un coltellino, giusto per sicurezza, caso mai qualcuno decidesse di prendersela con te per strada?

Indovina la risposta? NO.

Un NO che non era solo una parola, ma un monolite di privilegio. Mi faceva riflettere su quanto fosse comune per molte persone eterosessuali vivere senza comprendere il nostro costante sottofondo di paure: giudizi, discriminazioni, commenti indesiderati o, peggio, minacce e violenza, semplicemente per ciò che siamo. E no, Levansi, non è una storia del passato. Parlo al presente, perché, come hai ormai capito, le sfide non mancano ancora oggi sulla terra.

La maggior parte delle persone eterosessuali dimostrava – e dimostra tuttora – di non essere minimamente consapevole dei vantaggi che derivano dalla loro condizione. Vantaggi che, per inciso, non sono un *"diritto extra,"* ma semplicemente la possibilità di esistere senza doversi guardare le spalle. Ironico, no? Considerando che l'articolo 3 della nostra Costituzione dice chiaramente che *ogni persona gode di pari dignità sociale a prescindere dalla propria condizione personale.* Bella teoria, peccato che nella pratica sembri più una postilla a piè di pagina.

Si parlava tanto di educazione su mille argomenti nelle scuole, quando, in realtà, sarebbe bastato prendere l'articolo 3 della Costituzione che avevamo, spiegarlo, digerirlo, metabolizzarlo e restituirlo al vivere comune. Se fosse successo, si sarebbe capito che io, con un pantalone cargo e un crop top, non stavo erodendo i pilastri della civiltà.

Eppure, incontravo tanta gente che preferiva vivere bendata, incapace di accettare che non tutto poteva scorrere lungo due binari prestabiliti.

Si può attingere da entrambi i binari, fermarsi a metà strada o persino superarli. È un principio che adoro: l'autodeterminazione. Il diritto di essere chi vuoi e di mostrarti al mondo senza chiedere permesso per una condizione sociale o personale. Torniamo sempre lì, all'articolo 3.»

«Non pensi che alcune persone possano schernire

l'identità di genere dicendo che, allora, le persone potrebbero sentirsi o identificarsi in un animale, un cane o una giraffa, o addirittura una sedia?»

«Hai seguito la vicenda della legge Zan?» Domandai subito a Levansi.

«Chissà...» rispose evasivo.

«Eh chissà...» replicai, con aria un po' infastidita.

«Continua il discorso, Vì», mi esortò Levansi, ignorando la mia irritazione.

«Sì, padrone!» risposi con una nota di sarcasmo.
«Ridurre l'identità di genere a una *caricatura di genere* è solo un modo per evitare di confrontarsi con la realtà e la ricchezza dell'esperienza umana. E forse, proprio lì, si nasconde la vera paura: quella di dover accettare che il mondo è molto più variegato e sfumato di quanto non si voglia ammettere.
Credo ci sia una leggera differenza tra l'identità di genere e sentirsi oggetti o animali. L'identità di genere riguarda come ci si relaziona con le categorie tradizionali di genere maschile o femminile, non certo nel diventare mobili da soggiorno o creature a quattro zampe o voler mandare a puttane la società: come ti dicevo prima, per questo, ci sono centinaia di secoli di egemonia etero normata. In altre parole,» continuai, «l'identità di genere non è una trovata stravagante per mettersi in mostra o farsi notare, come molti pensano. È un modo per allineare l'interno con l'esterno, per vivere una vita coerente con chi siamo davvero. E no, non c'entra nulla con il volersi sentire una sedia o un cane. Se poi qualcuno si sveglia un giorno e decide di identificarsi come un comò o una giraffa... beh, rispetto la loro scelta, anche se andare al cinema o fare shopping diventerebbe decisamente

complicato!»

Levansi accennò un sorriso, apprezzando la mia risposta sarcastica, ma annuì per invitarmi a continuare.

«A parte gli scherzi, per chi sente la propria identità di genere disallineata dal sesso biologico esistono percorsi di sostegno e supporto. Per chi invece si vede come un'altra specie o come un oggetto, consiglierei un'altra direzione... magari consultare un buon psichiatra per esplorare queste sensazioni. Insomma, mescolare la ricerca dell'identità di genere con la fantasia di *"essere un animale"* non solo è fuori luogo, ma è anche una forma di disprezzo e di derisione. Sinceramente diffiderei dall'intrattenere qualsiasi dialogo con chi si riduce a questi livelli.»

Levansi mi guardò e, con il suo solito tono tagliente, aggiunse: «Già, gente così è meglio tenerla lontana. Di solito è la stessa che si lamenta dicendo che *"non si può più dire niente"*. Quindi... forse, meglio che resti in silenzio!»

«Non è che non si può più dire niente... si è solo detto troppo, e per troppo tempo, in modo sbagliato e offensivo.» replicai con un sorriso a metà tra il divertimento e la seccatura.
«È come avere un'auto che inquina e far finta di niente nonostante le evidenze scientifiche: sappiamo che fa danni, ma ce ne freghiamo. E, per abitudine o per comodità, continuiamo a usare le stesse parole come se fossero innocue, mentre ogni volta che le usiamo, è come sputare su un cartello che ci avvisa di smetterla.»

Sospirai e guardai Levansi, inclinando la testa. «Diciamocelo, l'idea di "non poter più dire niente" è la versione linguistica del "ma io sono sempre andato a cento all'ora senza cintura, e non mi è mai successo niente".

Certo, finché non succede qualcosa, ovvio. Oppure, sai, è come se qualcuno volesse ancora fumare sigarette senza leggere che fumare uccide. Eccomi. È l'equivalente verbale della pigrizia della peggior specie, mi spiego?

Scusa ma leggi i giornali?» chiesi a Levansi…perché queste domande erano argomenti molto discussi negli ultimi anni.

«No. So cosa accade dalle tue parti», rispose con la solita prontezza.

Mi alzai dalla poltrona per avvicinarmi alle vetrate che davano sul porticato. Il cielo era limpido, senza una nuvola, il mare una tavola piatta color turchese. Pensavo a quante sfide e disagi avevo superato fino al momento della mia rovinosa caduta in mezzo alla strada. Quel giorno stavo andando a registrare un podcast sul coming out e mi avevano chiesto di parlare della mia esperienza come persona non binaria. Avevo il discorso nella tasca, accanto alle sigarette.

«A proposito di coming out…» Levansi interruppe il mio flusso di pensieri. Risposi in modo secco: «Non si può stare vicino a te!»

Continuò come se non avessi detto nulla. «Cosa avresti voluto dire durante quel podcast?»

Mi buttai nuovamente sulla poltrona e risposi: «Che la vera emergenza nazionale non è la gestazione per altri, ma chi mette la panna nella carbonara. Quello sì che dovrebbe essere un reato universale!»

«Non è vero.»

«Scherzo.
Quel giorno, volevo raccontare finalmente della scoperta della mia identità non binaria. Ma anche di come il mio

coming out fosse stato tutto fuorché una passeggiata tra i campi di lavanda della Provenza. Immaginati piuttosto una marcia a piedi nudi su un campo minato dove, a ogni passo che fai, qualcuno ti guarda con quello sguardo interrogativo, e non in senso *"ma che cosa carina! Dimmi di più"*. No, più tipo *"tutto ok? Eppure, non ti manca niente"*.

Avrei raccontato che, appena ho iniziato a esprimermi, utilizzando abiti, accessori o trucco come mi pareva, gli amici, le amiche... hanno iniziato a creare sempre più distanza. Distanza, come se fossi all'improvviso un oggetto misterioso, incomprensibile, da cui stare lontani.»

«E secondo te, quale pensi sia stato il problema per loro?»

Sorrisi amaramente.
«Sai cosa mi dissero?
Che non rispettavo più quell'ambiguità che piaceva tanto, quella che faceva chiedere alle persone se amassi le donne o gli uomini. Per loro era tutto molto chiaro: identità e orientamento sessuale erano un'equazione, semplice e banale. Se un uomo tende al femminile, allora è gay. Se una donna tende al maschile, è lesbica. E lì, nella loro testa, il mio *"problema"* era tutto lì.»

Mi fermai un attimo, osservando Levansi che mi seguiva con attenzione, e continuai: «Ho provato a spiegare, sai, in nome dell'amicizia e della fiducia che avevo in loro. Ho cercato di far capire che c'era qualcosa di più grande di questa visione limitata, che era proprio questa complessità la bellezza degli esseri umani. Ma la risposta, più o meno, era: *"Non ti mimetizzi più. Non ci fai più chiedere se sei etero o no."* Capisci? Per loro era questo il nocciolo: l'ambiguità divertente che fa sentire chiunque a proprio agio, senza troppi scossoni.

Per me non era un complimento quando mi scambiavano per eterosessuale e cisgender.

Non ho mai sentito la mancanza di essere etero nonostante chi lo è ha qualche bonus in più: diritti, zero spiegazioni da dare in continuazione o una vita tranquilla.»

«Cosa intendi per vita tranquilla?».

«Te l'avevo accennato prima, con le domande che pongo a chi pensa che la comunità abbia già tutto. Per *vita tranquilla* intendo non avere quel retropensiero inconscio di non essere al sicuro.

Una sera, mi capitò di incrociare una figura straordinaria. Camminava a passo svelto, e aveva un turbante in testa, grandi cerchi dorati alle orecchie, una collana di pietre dure che scintillava sotto i lampioni e un caftano ampio che si abbinava alla sua barba colorata. Gli occhi incorniciati da ombretto glitter, in tinta con le scarpe con la zeppa in vernice, riflettevano una naturalezza luminosa. Però mi chiesi: *camminava veloce per sicurezza o per evitare sguardi di disapprovazione?*

Non ebbi il coraggio di chiederglielo. Perché le persone come noi convivono con un'ansia nascosta, una paura subdola, strisciante, che si infila nel subconscio come un mostro invisibile: il timore che qualcuno possa avvicinarsi per insultarci, umiliarci, o persino colpirci. È qualcosa che incombe, come il Nulla ne *La storia infinita* – è il lupo del Nulla che ti segue nell'ombra, pronto a colpire al primo cedimento di sicurezza.

Per quanto potessi vivere in armonia con la mia identità, era come se ci fosse sempre quel filo di paura, quella consapevolezza amara che mi teneva in allerta. È una consapevolezza che, come un mostro, non si vede ma c'è.

Divora la tranquillità, si nutre della serenità e delle notizie quotidiane, dei racconti di discriminazione e di quegli sguardi ostili che percepisci di sfuggita, facendoti chiedere se potrai mai sentirti davvero al sicuro. Oppure, se prima o poi, qualcuno finirà per credere a una falsa informazione letta su un libro, usandola come scusa per farti del male. Sentirsi ripetere costantemente che la comunità LGBTQIA+ è qualcosa di *"innaturale"* e *"pericoloso"* è come un mantra: parole che si insinuano nella mente delle persone. Se qualcuno sente ripetere che una bottiglia d'acqua è il male assoluto, come credi che reagirà se non cercando di distruggerla a tutti i costi? Ogni persona o istituzione che ha il potere di arrivare alle orecchie di migliaia o milioni di persone è complice di ogni episodio di omobilesbotransfobia.

Questa era la mia sensazione, e credo sia un peso condiviso da chiunque esca dai confini dell'eteronormatività. In fondo al cuore, c'era la consapevolezza che la vera serenità fosse sempre un passo più in là, irraggiungibile.

Ed era proprio quest'inquietudine, questo mostro invisibile sempre alle calcagna, che mi faceva chiedere se un rompicoglioni fosse lì ad aspettarmi dietro l'angolo.»

«Mi dispiace che tu abbia dovuto attraversare tutto ciò» iniziò Levansi, con una calma quasi sovrannaturale. «Ogni essere del creato dovrebbe avere la libertà di agire e di esprimersi in armonia con la propria essenza, nel pieno rispetto dell'ambiente naturale che gli è stato concesso. Ma voi esseri umani, ahimè, avete due grossi ostacoli che vi impediscono di vivere in questa armonia.»

Fece una pausa, il suo sguardo era assorto. Aveva catturato completamente la mia attenzione.

«Il primo ostacolo,» continuò con tono riflessivo, «è che alcuni gruppi, spesso numerosi, sono convinti di avere il diritto di sopraffare gruppi più piccoli, quelli che voi chiamate *"minoranze"*. Anche nelle parole che scegliete, vi portate dietro un peso simbolico: *"minoranze"* richiama l'idea di qualcosa di *"minore"*, di *"meno importante"*, come se queste persone fossero inferiori. Le parole, come mi facevi notare prima, sono potenti; eppure, nascondete un'intera montagna di ingiustizie dietro alla scusa del *"sono solo parole…"*»

Non riuscii a trattenere la curiosità: «E il secondo problema?»

Levansi mi guardò paziente, come chi sa che sta per insegnare una lezione importante. «La pazienza è una virtù che fortifica, lo sai?»

«Sì, sì, ma ora voglio sapere la seconda questione.»

Con un respiro profondo, Levansi continuò: «Il secondo problema è che l'essere umano è l'unico animale che, pur essendo dotato di coscienza, sensibilità e intelligenza, non protegge l'ambiente in cui vive, ma tende invece a danneggiarlo. Non parlo solo della natura, anche se gli effetti della vostra esistenza sulla Terra sono evidenti. Parlo dell'ambiente sociale, che spesso non permette alle sue varianti di vivere con dignità, che non accoglie le differenze e non consente loro di integrarsi per evolversi in armonia con gli altri. Se solo poteste osservare e capire il vostro mondo come l'evoluzione ha permesso ai cani di vivere insieme a voi…»

«Cosa c'entrano i cani adesso?» domandai.

Si avvicinò alla finestra, gli occhi fissi sull'orizzonte, e continuò: «I cani condividono quasi tutto il loro patrimonio genetico con i lupi. Eppure, non si potrebbe certo dire che i lupi siano creature amichevoli con gli esseri umani. Tuttavia, alcuni lupi iniziarono a comprendere il valore di una collaborazione con la vostra specie. È così che nacque l'evoluzione dei cani: alcuni, adattandosi, impararono a essere accettati dall'uomo e iniziarono a usare i loro talenti per aiutarlo. In cambio, gli esseri umani svilupparono un legame profondo con queste creature, un affetto che, in molti casi, è diventato salvifico.»

Fece una pausa, lasciando che riflettessi su quanto detto. «Non riesco a comprendere come, in secoli e secoli, non siate riusciti a trovare questo stesso spirito di collaborazione con le differenze all'interno della vostra stessa specie. Mi sembra impossibile che continuiate a ignorare quanto potreste arricchirvi reciprocamente. Noto con dispiacere che il gruppo dominante rende la vita un inferno per alcune persone, in nome di mitologie personali o di una *"giustizia"* che, in realtà, è tutto tranne che universale.»

Mi fissò, il suo sguardo ero pieno di una calma tagliente.

«Voi, Vì, non avete nulla di universale: la vostra giustizia è intrisa di soggettività. E allora, come potete attaccare l'identità di genere – un'espressione intrinsecamente soggettiva – applicando regole o canoni, anch'essi, soggettivi?»

Sorrise, un sorriso strano, come quello di chi riflette sulla follia del mondo. «Non vi rendete conto che la vostra condanna non si basa su nulla, che potreste semplicemente mostrare rispetto per l'essenza di ogni persona e permetterle di vivere dignitosamente?»

Alzai gli occhi al soffitto, sospirando. «Evidentemente no. Non ce ne rendiamo conto.»

«Mi hai raccontato che dopo il tuo coming out si creò una distanza con alcune persone amiche. Tra queste c'era anche un Razzo Umano?»

«Sì.» Risposi subito.

Aveva davvero usato l'espressione Razzo Umano?

«Il mio coming out come persona non binaria è capitato nel bel mezzo di una relazione di tre anni. Lui si chiamava Be_ e lo conobbi, in realtà, tanti anni prima che ci mettessimo insieme. Quanto mi piaceva, il mio uomo ideale! Alto e robusto, occhi scuri, barba nera come la notte e voce profonda. Quando lo vidi per la prima volta, ahimè, era fidanzato. Ma ogni tanto lo pensavo. Pensavo a come stesse, cosa stesse facendo, cosa facesse nella vita o di dove fosse. O a far sesso con lui.»

«Pensavi anche a quando sarebbe tornato single o a come farlo tornare single?» chiese Levansi senza scomporsi.

«Posso essere tutto, ma non sfasciafamiglie!» ridacchiai.

«Rividi Be_ quattro anni dopo, in una discoteca. Senza fidanzato. Chiesi subito informazioni in giro e scoprii che era single.

E, come se il mio cervello avesse un interruttore del *"sentimento intenso"* pronto a scattare, il ricordo di quanto mi piacesse riaffiorò con prepotenza, come una vecchia canzone inaspettatamente familiare. Bastò un secondo, uno sguardo, una parola.

Ovviamente, il mio corpo e la mia mente si misero subito al lavoro per sabotarmi: appena mi accorsi di quanto mi piaceva, entrai nella gabbia mentale dell'imbarazzo con pensieri del tipo *"non sei abbastanza, non gli piacerai, non hai abbastanza fascino"*.

Sì, proprio la gabbia dei *"non abbastanza"*, sponsorizzata generosamente da anni di commenti materni come *"non sei proprio una bellezza, ma la tua è una bruttezza che piace"*.

Grazie, mamma. Con quella frase, ho finanziato metà

delle vacanze in Sardegna a Gio., l'analista di quegli anni.

Ma torniamo a Be_. Fortunatamente, non si fece scoraggiare dalle mie paranoie e, senza tanti giri, mi baciò. Ero lì, alla cassa del bar, parlando di oroscopi come se ci capissi qualcosa, e lui mi zittì con un bacio. Da quel momento non ci fermammo più. Prima in un parcheggio, poi a casa mia, fino al mattino. Il giorno dopo mi svegliai con una fame incredibile, e invece del classico caffè del *"dopo"* gli preparai della pasta fresca con i legumi. Non esattamente il pranzo romantico da film ma un modo personale e sincero di comunicargli che mi piaceva tantissimo.

Be_ tornò poi nella sua città, ma da lì in poi ci furono treni, weekend in trasferta e chilometri percorsi per vedersi. Sapevamo di avere una relazione. Non c'era bisogno di dichiararlo, lo sapevamo e basta.

Adesso, parliamoci chiaro: questa storia è finita, e non in modo carino come la pasta fresca con i legumi!

Ma – e qui arriva il colpo di scena – da quel disastro, da quella fine, sono nate anche delle cose bellissime. Hai presente il fiore di loto che emerge dal fango? Ecco, tipo quello, ma senza la poesia del loto. Qui si tratta di un fango piuttosto pesante e appiccicoso, diciamo un fango alla *"va tutto a puttane"*. La nostra relazione era perfetta nella sua imperfezione, luminosa e oscura insieme. Tutto combaciava: i nostri temperamenti, l'amicizia, la passione, la complicità.

Non mi sentivo mai soffocare. Vivrei altre cento relazioni come quella con Be_, non perché voglia altri cento Be_, ma perché quella modalità era pura magia.»

Levansi, sempre attento, si sistemò in poltrona e mi guardò curioso: «Cosa aveva di speciale questa modalità?»

«Complicità, Levansi. Complicità pura. Uscivamo senza

una meta precisa, prendevamo treni a caso, ci imbucavamo a matrimoni, ridevamo persino delle situazioni più assurde e a fine giornata, tra un bicchiere di vino e un abbraccio, tutto si risolveva. Mi manca quella sensazione, quella di addormentarsi accanto a qualcuno come fosse il gesto più naturale del mondo. Da quando è finita con Be_, non è più successo. E ho seri dubbi che accadrà di nuovo, almeno non in questa vita. In quella vita…»

Levansi sembrava ridacchiare: «Più importante del sesso?»

«Cosa? Dormire abbracciati?
Ah, Levansi... *vedo il sesso po' come il comunismo: una cosa che funziona in teoria*. È una frase di una canzone che mi è rimasta in mente. Certo, il sesso è un collante forte, come il Super Attack: può farti restare lì nonostante chi hai davanti ti tratta malissimo, ma fa l'amore da Dio. Quante volte ho pensato *"Sì, però scopa bene!"*
Le mie amiche scommettevano sui mesi che ci avrei impiegato a staccarmi dal Super Attack Sesso di turno.
Ma alla fine, ho capito una cosa: se manca un pezzo, se manca la complicità o la fiducia, la relazione si dissolve, come sale nell'acqua bollente.

Esiste davvero un compromesso? Questa domanda si affacciava spesso nella mia mente. Ho provato persino a passare sopra a certe cose, dicendomi: *"smettila di volere tutto"*.

Forse il mio problema è sempre stato proprio questo: volere tutto, senza accettare certi tipi di compromessi. Posso tollerare compromessi su aspetti del carattere o abitudini dell'altra persona, come non aver l'abitudine di togliere i peli dal piatto doccia con un colpo di doccino…ma quando si tratta di affettività, del sincero desiderio di cercarsi, della passione, dei valori... quei compromessi non li tolleravo in una relazione in cui avevo la piena libertà di scelta. I compromessi li facevo a lavoro o quando prendevo un treno e dovevo sopportare quattro ore di pianti di un bambino.

Sapere di avere tutto questo con Be_ mi rendeva di buon umore. Ero felice, e provavo gratitudine per ciò che avevamo. Io e Be_ ridevamo molto. Poi, quel sorriso sparì all'improvviso.»

Feci una pausa e guardai il braciere. I carboni erano lì da un bel po', ma, chissà perché, non si consumavano mai.

Continuai con la mia storia:
« Be_ aveva questa, chiamiamola così, *passione* per l'alcol. Ma del resto, non è che io fossi proprio da meno. Era più un hobby comune, il nostro.
    Appena potevamo, ci lasciavamo andare. Nell'ultimo anno, però, Be_ aveva iniziato a bere più del necessario e a mostrare certi comportamenti… strani. Ma io, per non rovinare il nostro clima di serenità, facevo finta di niente.

Un bicchiere di troppo e via di piatti che volavano, padelle in frantumi, lo specchio del bagno ridotto a un mosaico improvvisato. Ma pensavo sempre: *"Sì, ha esagerato, ma è solo l'alcol."*
Il giorno dopo, mi chiedeva scusa e tutto tornava a posto, come un orologio che riprende a funzionare da solo.

Tuttavia, una cosa la avevo notata: queste reazioni erano iniziate dal mio coming out come persona non binaria, dalla richiesta di chiamarmi Vì e di usare locuzioni neutre o, se proprio non si voleva sforzare, lo schwa. Ma se era tutto impossibile c'era anche la possibilità di troncare le parole.

Una sera, dopo intense settimane di lavoro, riuscimmo a ritagliarci una serata tutta per noi. Avevamo cenato in un ristorante romantico e bevuto un paio di bottiglie di vino. Ci spostammo nel centro della città e ballammo mentre ascoltavamo una canzone francese con le cuffie: una l'avevo io e l'altra lui. Era come stare in un vecchio film romantico ma con tanti amari che bevemmo nel mentre.

In preda alla gioia del momento, ci unimmo a un paio di amici in una discoteca. Prendemmo alcuni gin tonic. Non ricordo neanche quanti.

Quando fu l'ora di andare, dissi a Be_ che ci aspettavano fuori dalla discoteca. La sua risposta scocciata e arrabbiata mi fece subito capire che aveva bevuto troppo, come me, e che sarebbe stato meglio andare a letto senza fare troppe storie o discussioni. Avevo cambiato lo specchio del bagno da appena una settimana.

Riuscii a tirare fuori Be_, e il suo cocktail, dalla discoteca. Prendemmo un taxi e volle pagare lui. *"Che carino"*, penserai ora, Levansi.»

«Ti sto ascoltando» rispose prontamente.

«Dicevo. Non ricordava il PIN della carta di credito e iniziò a elargire una serie di bestemmie che non oso neanche ripetere. Una bestemmia, due, tre, quattro... alla quinta lo zittii dicendo: *"Calmati, pago io e andiamo a casa per favore. Poi il PIN te lo ricorderai"*.

Mentre mi scusavo con il taxista per la scena impietosa, Be_ urlò dal sedile posteriore: *"Sei una merda, ma tu che cazzo vuoi... me ne vado da solo a casa"*. Stava andando a casa mia. Avevamo deciso di convivere insieme e scegliemmo lo spazio più grande tra le due case disponibili, nonché quella più conveniente a livello economico.

Finii di pagare e di scusarmi nuovamente con il taxista, che si era fermato a duecento metri da casa mia. Mentre camminavo frettolosamente per raggiungere Be_, mi accorsi che le lacrime scendevano da sole. Pensavo a quanto mi avevano fatto incazzare le sue parole dopo una serata piena di amore, coccole e risate. Cosa avevo fatto per meritare un trattamento così di merda?

Girai l'angolo della strada, lo stesso che abbiamo fatto io e te, Levansi, per raggiungere questo posto. Trovai Be_ ad aspettarmi.

Mi chiese, con tono accusatorio: *"Perché sei così?"*

Non riuscivo a capire cosa intendesse. Biascicava qualcosa sulla mia identità non binaria, su come avessi nascosto chi ero. Cercai di spiegare che non era il momento per discuterne, ma lui non volle sentire ragioni. All'improvviso, mi spinse contro un muro e mi colpì con un pugno due volte alle costole. Scoprii giorni dopo che me le aveva incrinate. Al medico raccontai la più classica delle bugie: una caduta.»

«Non l'hai cacciato?» Chiese Levansi con un tono di chi sa già la risposta.

«No. Volevo solo chiudere quella serata infernale e andare a letto.»

«Mi sembra una scusa, Vì.»

«Lo so, è proprio la scusa tipica.

La solita giustificazione che, anche anni dopo, cerchi di rielaborare senza riuscirci. In quel momento, però, speravo che fosse stato l'alcol a farlo impazzire, che fosse stato uno scatto sbadato.
Mi ripetevo che l'avremmo risolta l'indomani.

Ho capito solo dopo quanto siano potenti quelle catene

invisibili che tengono legate le vittime di violenza. La rabbia, la paura, la vergogna... ti paralizzano come una fobia ancestrale o subconscia.

Dopo i due pugni alle costole gli dissi: *"Andiamo a casa, stai esagerando"*. Iniziai a camminare a passo spedito. Be_, barcollando, provava a inseguirmi per acchiapparmi dal collo della camicia. Riuscii a sfuggire a quei tentativi goffi e ad aprire casa. Entrammo e mi accorsi che il mio livello alcolemico stava scendendo clamorosamente. Il corpo stava smaltendo in fretta e furia l'alcol, forse per difendersi.
Aveva capito, prima della mia mente, che qualcosa non sarebbe andato nel verso giusto. Si attivò una sorta di modalità primordiale di autoconservazione.

Be_ continuava a dirmi in tono aggressivo che dovevamo parlare. *"Dobbiamo parlare. Dobbiamo parlare. Dobbiamo parlare"*. Quando, all'ennesimo *"dobbiamo parlare"*, gli dissi che non ne avevo voglia in quello stato, mi arrivò il primo ceffone.
"Parliamo ora?" – e altro schiaffo.

Rimasi in silenzio.
Ricevetti un altro schiaffo.
"Parliamo ora?"
Altro schiaffo.

Mi fissava come un predatore fissa la sua preda. Non avevo mai visto quello sguardo.
Non mi aveva mai guardato così.
Cosa avevo fatto per guadagnare quello sguardo intriso di violenza e di odio?»

«Provavi qualcosa in particolare mentre ti schiaffeggiava?» chiese Levansi. Nei suoi occhi c'era un invito a scavare più a fondo, a tirare fuori ciò che non avevo mai detto ad alta voce.

«Impotenza,» iniziai, «mescolata a terrore, sorpresa e a una delusione così profonda da sembrare senza fondo.

La violenza improvvisa di Be_ aveva innescato in me qualcosa che non avevo mai provato prima. In un attimo, mi sentii completamente vulnerabile, come se tutta la forza che avevo costruito negli anni per proteggermi fosse svanita nel nulla. Ogni schiaffo era un colpo, non solo alla mia pelle, ma a tutto ciò che consideravo intoccabile: la fiducia, il legame, l'idea che chi ti ama non possa mai farti del male. Eppure, lì, in quel momento, ogni colpo incrinava quella certezza.

Nonostante lo shock e il disorientamento, cercavo ancora di razionalizzare come fosse possibile essere in quella situazione di merda, di capire come Be_, che diceva di amarmi, si fosse trasformato in qualcosa di così distruttivo.

L'impotenza di non poter controllare o fermare quella violenza è stata una delle esperienze più sconvolgenti della mia vita.

Pensavo tra me e me: *fermati, stai rompendo tutto.*

E non parlo solo del mio corpo, delle mie costole, delle orecchie che fischiavano al suono dei suoi schiaffi o del sangue che mi colava dalla narice sinistra. Stava mandando in frantumi anche il mio amore per lui. Più colpiva, e più i frammenti diventavano sottili, così sottili da rendere impossibile raccogliere i cocci per ricostruire qualcosa che avesse senso, la forma del nostro amore, del mio sentimento per lui.

Più colpiva, e più il modo per riattaccare insieme i pezzi si allontanava. Più colpiva, e più rimanevo immobile, come una preda che si finge morta per sfuggire al suo predatore.

In quel momento, rimanere immobile e fissarlo sembrava

l'unica cosa giusta da fare. Sentivo il mio livello alcolemico abbassarsi sempre più, riportandomi a una lucidità crescente, e con essa la consapevolezza di ciò che stava accadendo... e del dolore fisico.

Mi ritirai in camera da letto, cercando di salire sul soppalco dove dormivamo. Gli avevo chiesto, appena finiti gli schiaffi, di andare in soggiorno e dormire sul divano. Al terzo gradino, sentii di nuovo le sue parole, *"dobbiamo parlare"*, e un brivido mi attraversò tutto il corpo. Sentii la sua mano tirarmi per la canotta, cercando di farmi scivolare indietro e riportarmi a terra.

Fortunatamente, riuscii ad aggrapparmi alla balaustra del soppalco evitando di cadere di testa contro la specchiera davanti a me.

Ignorando la sua presenza, tornai a salire le scale e finalmente raggiunsi il soppalco. Una volta su, gli dissi: *"Ora dormi, te ne prego"*. Miracolosamente, mi ascoltò: andò in soggiorno, si lasciò cadere sul divano e iniziò a russare profondamente nel giro di un minuto.

Sul soppalco trovai il cane di Be_, che viveva con noi. Il suo sguardo, pieno di compassione e comprensione, mi spezzò definitivamente. Lo abbracciai e scoppiai a piangere, sapendo che sarebbe stata l'ultima volta che lo avrei visto.»

Presi una pausa e guardai il mare, che ormai rifletteva il colore azzurro del cielo mattutino e il sole alto.

«Cosa è successo il giorno dopo?» Levansi interruppe la mia contemplazione sullo specchio d'acqua.

«Parlammo la mattina seguente e lui mi chiese cosa fosse successo. Gli dissi:
"Hai rotto tutto. Non riesco a rimettere insieme i pezzi. Per favore,

vattene da casa mia".

Non riuscivo ad articolare altre frasi, non riuscivo a descrivere ciò che era successo: era come se qualcosa bloccasse le parole che avrei voluto dire. O urlare. E quante gliene avrei volute dire... non immagini neanche quante, Levansi.»

«Cosa pensi ti impedisse di esprimere ciò che provavi?» chiese Levansi.

«Avevo un nodo che non mi permetteva di esternare emozioni, sentimenti, rabbia. Ero ancora immobile, ripensando ai pugni e agli schiaffi ricevuti, come se fossi vittima di una trappola senza la possibilità di esprimere appieno il dolore che provavo.»

«Provavi anche rabbia?»
«Mi mancava maledettamente la rabbia.
Oppure era troppo vasta per essere tirata fuori subito. Provavo una sorta di stordimento emotivo che bloccava o nascondeva le emozioni più intense.

Il fatto che Be_ non ricordasse nulla il giorno dopo mi frustrava, poiché sembrava che questa esperienza venisse negata o minimizzata dalla sua totale mancanza di consapevolezza. Tutte queste sensazioni non si staccavano di dosso, e più pensavo a quanto avrei voluto, in quel momento, urlare, mandarlo a fanculo, cacciarlo in malo modo da casa, e più non mi venivano le parole. È come quando ti imponi di rimanere in uno stato di tranquillità in situazioni particolarmente emozionanti: fai tutto, tranne che ottenere l'emozione tanto agognata.
Quel tappo, quel macigno, quel masso... aveva rinchiuso tutto in un angolo e non permetteva a nessuna emozione di uscire.

Alla fine delle mie quattro parole in croce, Be_ lasciò casa il pomeriggio stesso.»

«Andiamo fuori?» domandai a Levansi, che mi fece cenno di   assenso   alzandosi   dalla   poltrona.

POMERIGGIO

Il sole stava tramontando esattamente da dove era sorto. Il disco luminoso si abbassava nel cielo, sfiorando quasi il mare. Quella stella sembrava essere sostenuta dall'acqua, e non mi avrebbe arrecato nessuna sorpresa vederla rotolare a destra o a sinistra, come una pallina sul filo di una superficie perfettamente tesa.

Levansi iniziò a camminare lungo il porticato, e io lo seguii in silenzio. Avevo la mente svuotata, sentivo solo una profonda stanchezza dopo aver rivangato quella notte, dopo tanto tempo.

Era un'esperienza di cui parlavo raramente, per diverse ragioni. Temevo il giudizio per paura che alcune persone non mi credessero, vista la difficoltà di far comprendere il dolore emotivo e fisico che avevo subito. Provavo anche una vergogna profonda, una colpa ingiustificata, come se in qualche modo avessi contribuito agli eventi. Dopo ciò che era accaduto, mi chiedevo se avessi sbagliato qualcosa, se la mia identità di genere fosse stata spiegata male, scatenando quella reazione. Non erano scuse per giustificare Be_; erano solo domande, senza alcun intento di alleggerire la sua colpa.

Temevo anche lo sguardo di pietà e dispiacere delle persone, un motivo significativo per tacere. Preferivo evitare quell'attenzione indesiderata, il sentirmi oggetto di compassione, temendo che ciò avrebbe potuto minare la mia autonomia e forza interiore.

Ciò che desideravo era un sostegno empatico, non giudicante, senza pregiudizi, rispettando il mio processo di elaborazione emotiva. Avrei preferito che le persone a me vicine mi offrissero una spalla su cui piangere, senza cercare di risolvere tutto o giudicare le mie scelte passate.

Sapevo che Levansi stava ascoltando i miei pensieri, o quel che percepiva, ma rimase ugualmente in silenzio. Mi scrutava, di tanto in tanto, con la coda dell'occhio, ma da lui traspariva solo il desiderio di stare con me, di ascoltarmi. Ci fermammo nuovamente sul porticato di legno, di fronte al mare. La luce del pomeriggio illuminava la barba di Levansi, che non rifletteva alcun bagliore: sembrava ancora più nera. Si girò verso di me e chiese: «Cosa successe dopo Be_?»

Mi presi un attimo e risposi:
«Tutto e niente di che.» Che risposta del cazzo.

«Concordo.»

Continuai il racconto:

«Appena Be_ lasciò casa chiamai la mia insegnante di Filosofia Indiana, una delle pochissime persone che ho sempre ammirato profondamente, al punto da desiderare di diventare come lei. Non è solo una questione di conoscenza filosofica: ogni volta che apriva bocca era come se aprisse una porta su nuove riflessioni, su una saggezza che sembrava abbracciare tutto ciò che vive.

Ricordo una sera, durante uno dei nostri incontri tra birre, patatine e chiacchiere, quando mi confidò di aver subito violenza fisica dal suo ex compagno, che le aveva sfregiato parte della schiena con un coltello. Una ferita ben più profonda di ciò che era capitato a me, eppure si era rialzata. Si era incamminata in un percorso accademico e spirituale, aveva costruito una famiglia e una carriera, ed era sempre pronta a condividere ogni frammento della sua esperienza, che fosse luminosa o dolorosa.

Quando la chiamai lei capì all'istante. Mi bastò dire *"ciao, S."*, e lei mi chiese subito, con un tono dolce e fermo: *"Cosa ti è successo?"*

Le raccontai tutto senza una lacrima, come se stessi descrivendo un film in tempo reale, ogni dettaglio preciso, chirurgico. Alla fine, le confessai che non sapevo se fossi in grado di reggere il peso di quella separazione.

Lei mi ascoltò in silenzio e poi, con un tono che solo un'anima antica e saggia potrebbe usare, mi disse:

"Vì, ascoltami bene: non devi arretrare di un solo millimetro. So quanto sia difficile abbandonare una relazione, specialmente quando sei stata vittima di violenza. So anche che lo ami ancora e che per te questo legame è stato speciale. Ma devi comprendere, chiaramente, che se l'ha fatto una volta, c'è un rischio concreto che possa farlo di nuovo.

Se permetti a Be_ di tornare nella tua vita, apri la porta a un ciclo senza fine di giustificazioni e scuse, un ciclo di violenza che si ripeterà, e in forme sempre più intense. E so, con certezza, che prima o poi lui cercherà di riconquistarti, di riparare ciò che ha distrutto, minimizzando le sue azioni, giustificandole. Ma in questo processo la colpa verrà distorta, il colpevole cercherà di addossare il peso della sua violenza sulla vittima.

Ricorda, non è colpa tua.

Nessuna questione, per quanto importante, può essere risolta con pugni o ceffoni, e mai tra due persone che si sono amate. L'amore e la violenza sono come olio e acqua: non si mescolano, e l'uno distrugge l'altro.

Ora ti dico una cosa difficile, ma essenziale: devi troncare questo legame, anche se senti di amarlo ancora. Questo è uno di quei momenti in cui non devi seguire il cuore, perché il cuore, ingannato dall'amore, non è sempre il miglior consigliere. Ma io so che sei forte, molto più di quanto pensi. Ce la farai."

Quelle parole risuonarono come un antico mantra, qualcosa che andava ben oltre la mia esperienza.

Rividi Be_ dopo due mesi, per un chiarimento definitivo, e gli comunicai che non c'era nulla che mi avrebbe fatto cambiare idea sulla chiusura della nostra storia.

Lui iniziò a elencare una serie di argomenti legati al suo malessere e alle mie colpe. Esattamente come mi aveva detto S.»

«Cosa ti disse?» chiese Levansi.

«Mentre piangeva... LUI PIANGEVA!

Pardon... mentre piangeva come un bambino, mi disse che non si sentiva a casa nel mio appartamento, che la mia identità di genere era una grande cazzata, una fissazione. In pratica, secondo lui, io ero una cazzata. Io ero niente. Ero solo una persona fissata con le locuzioni neutre.

Il tutto, ovviamente, detto piangendo. Stava negando la mia identità, non capendo che mi stava tirando ceffoni, questa volta, con le parole.

Che persona orribile!

Qualche passante sicuramente lo avrà pensato di me, vedendo il mio sguardo vitreo mentre lui piangeva disperato: gli dissi che non avremmo più avuto una relazione, e che la decisione era definitiva, senza possibilità di trattativa o discussione.»

Levansi mi chiese: «Perché non hai voluto provare a ricostruire qualcosa con Be_?»

«Perché non sapevo, e non saprei neanche ora, come fare e da dove iniziare per ricostruire un rapporto dopo quello che mi ha fatto, nonostante lo amassi ancora quando gli ho comunicato la mia scelta.

Non ho seguito il mio cuore. Ho scelto di amarmi, promettendomi di non voler mai più provare la sensazione di essere una preda in balia di un predatore violento. Non volevo più rivivere quell'incubo e l'unico modo di averne certezza assoluta era chiudere tutto, all'istante.

Ho chiesto più volte alla mia coscienza: *cos'è più importante?*

Provare a ricostruire la relazione con Be_, rischiando nuovamente un episodio di violenza, o scegliere me?

Alcune persone, come sempre, fecero le *so tutto io* dicendomi che la risposta era ovvia: mandarlo a quel paese. Ma tutte quelle persone non avevano subito una violenza fisica, altrimenti non si spiegherebbero le centinaia di vittime succubi di violenze domestiche, che si protraggono per anni, prima di trovare il coraggio di denunciare o di fuggire. Quell'esperienza mi ha insegnato che non è così scontato che chi subisce violenza scappi via o ponga immediatamente fine a una relazione.

Tempo dopo rividi la mia insegnante di filosofia indiana. Trovammo un simpatico nome per descrivere quella sensazione di violenza, buio, tristezza e paura che riaffiorava: la chiamammo Van Damme.

Van Damme veniva fuori nelle situazioni più disparate… quando sentivo due persone litigare, quando litigavo io con altri o quando, dopo la relazione con Be_, ebbi altri Razzi Umani che mostrarono cenni di violenza, seppur non fisica. Nominare questa sensazione mi aiutò a focalizzarla, a farla entrare e salutarla con un *"grazie, cerca di non venire più a trovarmi Van Damme!"*

Le relazioni dopo Be_ furono il niente di che, di cui ti parlavo prima: frequentazioni che durarono dalle tre settimane ai tre mesi. Nessuna, neanche per sbaglio, superò l'anno.»

Levansi girò lo sguardo verso la luce del sole e chiuse per qualche istante gli occhi. Feci lo stesso, ma non chiusi gli occhi: fissavo il riflesso del sole al tramonto, frammentato dalle onde del mare.

Levansi aprì gli occhi e mi domandò: «Cosa è successo nei mesi successivi?»

«Sicuramente non ero felice» risposi prontamente.

«Mi annoiava molto quel nodo che non si scioglieva! Provavo molta frustrazione nel non aver potuto dare la possibilità di esprimere tutta la rabbia per ciò che mi aveva fatto Be_. Neanche quando ci vedemmo al parco.

Non ebbi più occasione di parlargli e, le rare volte che lo incrociavo per caso, cambiavo strada o mi fermavo in qualche angolo nascosto a respirare. Le sensazioni che provavo andavano dalla paura alla voglia di afferrargli la testa e sbattergliela contro il marciapiede fino a fargli perdere i sensi.

Avrei fatto di tutto, in quei primi mesi, dopo quella notte, per sciogliere quel nodo, cancellare quella cicatrice che non andava via. Anche quando stupidamente pensavo che non ci fosse più, riemergeva se, ad esempio, una persona, mentre mi baciava, mi tirava più del necessario i capelli in un impeto di passione. Razionalmente mi era tutto chiaro. Istintivamente, però, indietreggiavo, salutando la libidine: tutto si azzerava.

In questi anni ho spostato quel nodo, l'ho assottigliato, l'ho scalfito, l'ho chiamato Van Damme per far fuoriuscire rabbia, tristezza, paura, ma anche per andare avanti. Per un mese non mangiai né dormii. Era grave, perché dormo regolarmente e mangio, anzi dormivo e mangiavo, cibo in quantità senza ingrassare. Il mio metabolismo era una specie di entità a sé stante all'interno del mio corpo, come in una matrioska: la filosofia indiana postula la presenza di cinque kosha, o corpi, al di là di quello fisico. Io ne avevo un sesto, il mio metabolismo galoppante.

Durante quel mese vivevo di apatia e lavoro. Lavorare era salvifico per me, teneva la mente occupata. E poi, guarda caso, il destino volle che mi trovassi a tempo pieno in una serie di attività per nove giorni consecutivi, con altre piccole incombenze in mezzo: avevo la giornata piena dalle 8 del mattino alle 23 di sera. Solitamente non mi sarebbe mai andata bene una situazione lavorativa del genere. Ci tenevo molto all'etica e alla qualità della vita non comandata dal lavoro. Ma, come si suol dire per interpretare Machiavelli, *"il fine giustifica il mezzo"*. Accettai di buon grado che il lavoro tenesse a bada la mia mente, per dimenticare, almeno per qualche istante, le immagini che mi tornavano come flashback a colori davanti agli occhi.

Dopo quel mese, ripresi pian piano a vedere alcune persone e decisi di buttare il materasso su cui io e Be_ dormivamo a casa mia: riuscivo a dormire solo sul divano del soggiorno. Presi la decisione di buttare quel materasso, portare il letto al piano di sotto e risistemare tutta la camera da letto: interpretai quel gesto come un rito necessario per andare oltre.

Volevo, con tutte le mie forze, cambiare quella versione sciatta, insonne, inappetente, triste e paurosa di me. Tuttavia, ogni volta che pensavo *"ci sto riuscendo!"*, c'era sempre qualcosa collegata a Be_ che venivo a sapere, mio malgrado, anche se non seguivo più i suoi social perché aveva bloccato tutti i miei profili subito dopo la nostra conversazione al parco. Me ne accorsi perché, aprendo IG o Tik Tok, non mi compariva più come visualizzazione prioritaria.

È agghiacciante rendersi conto che il primo pensiero di Be_, dopo la fine della nostra chiacchierata, sia stato: *"ORA TI BLOCCO SUI SOCIAL!"*

Sì, proprio così, come se fosse una punizione esemplare, come se io stessi lì, in attesa, a controllare i suoi aggiornamenti quotidiani del cazzo.

Davvero pensava che mi interessasse sapere cosa stava combinando? Tanto, alla vecchia maniera, le cose vengono sempre fuori... e fu esattamente così. Il caro, vecchio, infallibile pettegolezzo all'italiana non delude mai!»

«Cosa hai saputo?» chiese velocemente Levansi. Sembrava, anzi, molto curioso.

«Ah... allora ti interessa il gossip!» ribattei con un sorrisetto malizioso.

Levansi rimase impassibile, continuando a fissarmi con la pazienza di chi sa che prima o poi parlerò.
«Va bene, va bene,» sospirai, voltandomi verso il mare. «Dunque, pare che, neanche due mesi dopo la nostra rottura, Be_ abbia iniziato a frequentare un tipo che avevo abbordato anni fa davanti a un bar. Si chiama... aspetta... ah, sì, K. Insomma, anni prima della nostra storia, abbiamo limonato davanti a un locale e qualche sera dopo lo avevo invitato per

una birra e una passeggiata dalle parti di casa mia.»

«E com'era andata?»

«Ah, una rottura di palle unica. E non lo dico per risentimento, eh! È che K. ha la verve di un bradipo in letargo. *La Noia,* come direbbe la vincitrice di Sanremo 2024.

La cosa assurda è che una sera, mentre ero in discoteca con Be_, lui decise di litigare con me sostenendo che K. mi stava guardando insistentemente, come se fosse colpa mia! Be_ sapeva benissimo che, anni prima, avevo baciato K. e che quella serata era stata un flop totale. Gliel'avevo pure raccontato ridendoci su! Ma quella sera, niente da fare: continuò a discutere finché, fuori dal locale, in preda all'esasperazione, gli urlai che non avevo certo aspettato di mettermi insieme a lui per baciare una persona che trovavo insipida come l'acqua di rubinetto.»

Feci una pausa, dando un'occhiata a Levansi, che sembrava interessato dalla storia.

«E niente…scopro poi, come in una puntata di fine stagione di *Gossip Girl,* che Be_ e K. si erano messi insieme. E non si sono limitati a una scappatella, no! Avevano intrapreso una relazione in grande stile, con cene, post su Instagram e tutto il resto.
Quindi, alla fine, il mio *"insipido"* si è rivelato essere proprio il piatto forte e *spicy* per Be_.»

«Come reagisti alla notizia?» domandò Levansi.

«I miei pensieri andavano da *"che pezzo di merda"* a *"vi auguro ogni male…".*

Da *"eh, cazzi loro"* a *"mi sento uno schifo…".*

Da *"evidentemente K. quella sera non guardava me"* a *"K. ha tramato contro di me da allora…"*.

Ok, quest'ultimo pensiero sembrava uscito direttamente dalla mente di Brooke Logan in un episodio di *Beautiful*.»

«Quale sensazione ti è rimasta poi?»

«Disgusto.»

Non aggiunsi altro per qualche secondo, poi continuai:

«Razionalmente, so che all'amore non si comanda. L'amore può essere guidato dal caso, dal destino, e bla bla… so tutto alla perfezione, da buona persona sempre preparata a ogni lezione a scuola e con il massimo dei voti.

So anche che non desideravo, sinceramente, che nessuno dei due avesse una vita di merda o che gli accadesse qualcosa di brutto: lungi da me mandare scongiuri e maledizioni.

Ma una cosa la provo tuttora: disgusto. Quel disgusto che risale quando li vedo insieme e ripenso alla litigata che avemmo quella sera in discoteca, perché Be_ era poco sobriamente geloso di K.
Ho concesso al mio cuore un nuovo sentimento che non avevo mai provato prima, almeno nei confronti di un altro essere umano: il disgusto.»

Mi girai nuovamente a osservare Levansi, che dava le spalle al sole ormai prossimo a scomparire nel mare. La circonferenza dorata veniva lentamente fagocitata dallo specchio d'acqua perfettamente piatto. Il mare era calmo, il disco luminoso stava svanendo… tutto era pronto per far tornare le stelle a decorare il cielo della sera.

SERA

Ci sedemmo sulle poltroncine del porticato mentre il sole si riduceva a una sottile linea luminosa, destinata a scomparire oltre il mare. Il cielo iniziava a riempirsi di stelle, rivelando la sua infinita vastità.

Mentre osservava il mare, Levansi mi domandò:

«Hai avuto altre relazioni dopo Be_?»

Sprofondai nella poltrona, desiderando una birra. Non saprei spiegare come fosse possibile voler bere in quel momento.

«Dopo aver subito quella violenza, arrogantemente, mi sentivo come se niente, o quasi, potesse più farmi davvero male. Avevo sviluppato una sorta di scudo invisibile, un'armatura intorno a me che sembrava rendermi immune alle offese e agli attacchi dei Razzi Umani.
C'era qualcosa che non mi faceva più comprendere i drammi esistenziali delle persone che, intorno a me, ci

rimanevano malissimo perché *ghostate* o insultate dalla frequentazione di turno.

Penso che, in realtà, volessi indietro tutto ciò che loro ancora avevano: l'intensità nel vivere queste esperienze.

Così, mentre mi ritrovavo in mezzo a frequentazioni di breve durata, quasi tutte costellate di Razzi Umani, provavo una strana, quasi perversa soddisfazione nell'osservare cosa sarebbero riusciti a fare o a dire pur di cercare, inconsapevolmente, di sabotarmi o ferirmi. Era come guardare uno spettacolo: per quanto si sforzassero, niente poteva colpire davvero.

Mi accorsi di una sorta di sterilità emotiva che permeava non solo me, ma anche molte delle persone che incontravo. E non penso che tutte loro fossero state vittime di violenza; no, erano semplicemente delle teste di cazzo.

Avevo ormai l'abitudine di esortare chi mi lasciava a essere sincero, senza mezzi termini, quasi divertendomi a sfidarli a fare il massimo danno possibile.

"Dai, dimmi la verità," dicevo, *"tanto sono già in mille pezzi. Non saranno certo un 'non mi piaci abbastanza' o un 'scopi di merda' a togliermi il sonno o a farmi andare in frantumi come un cristallo di Boemia."*

Tuttavia, devo fare una menzione speciale per RR., il mio ex che non solo si era arrogato il diritto di rubarmi una valigia—e no, *"prendere qualcosa senza permesso"* non è un eufemismo per *"un gesto spontaneo d'affetto"* ma un furto bello e buono—ma aveva anche usato la fine della mia relazione con Be_ come un'arma per ferirmi. Forse per rabbia, forse per vendetta, o forse perché le persone possono essere vere e proprie cloache emotive quando vogliono. La frase che mi lanciò, come una granata emotiva, fu: *"Ha fatto proprio bene*

Be_ a menarti".

A RR. darei un titolo *ad honorem* per il miglior colpo basso post-relazione, ma, strano a dirsi, ora riesco quasi a ringraziarlo. Non perché avesse scalfito di un millimetro la mia convinzione che quella violenza fosse ingiustificabile—o che fosse in qualche modo colpa mia—ma perché quelle parole tossiche aprirono una ferita che mi costrinse a guardare dentro di me in modo *"alternativo"*, aprendo nuovi scenari.

Quelle parole mi portarono a fare un inventario emotivo: quante volte avevo scusato comportamenti inaccettabili, giustificato cattiverie evidenti, e messo da parte il mio stesso valore solo per *"non fare storie"*? Quante volte avevo preferito il quieto vivere alla dignità?

Paradossalmente, RR., con la sua insensibilità tossica, era riuscito a farmi intravedere una verità scomoda: avevo tollerato fin troppo, per troppo tempo. E no, non gli concederò mai il lusso di pensare che lo abbia fatto di proposito. So che voleva solo farmi del male, con la stessa grazia di uno che prende a calci un castello di sabbia. Ma in qualche modo, il suo calcio mi aveva spinto a demolire le fondamenta sbagliate su cui avevo costruito tante relazioni. Compresa quella con Be_.

Ironico, no? È stata proprio la cattiveria di quella frase a spingermi a fare pulizia.

Poi ci furono solo situazioni assurde come N., che mi relegò al ruolo di amante dell'amante.»

Levansi mi guardò con aria dubbiosa.

«Allora, con calma: N. aveva una relazione con un uomo già fidanzato, quindi era il suo amante. Ok?

Mi conobbe e cercò di avere una relazione con me finché, quando gli feci notare che il suo tempo era troppo limitato per fare anche solo le cose più banali che tutte le persone che si frequentano fanno, mi confessò di essere coinvolto in un rapporto con una persona impegnata. Quando gli chiesi di scegliere di liberarsi di chi non poteva dedicargli tutta la sua attenzione, N. ovviamente non scelse me.

Quindi, se ci pensi, lui era un amante. Io, d'altra parte, cercavo di avere una relazione con lui mettendomi automaticamente nel ruolo di amante. Il risultato è amante dell'amante. Facile no?»

Ridacchiai mentre sprofondavo sempre più nella poltrona in modo pigro. Forse era la comodità di quella poltrona o il panorama notturno, ora adornato da una bella luna. Bianca, luminosa e liscia.

«Poi ci fu L., con cui uscii per due mesi. Volevo davvero avere una vita sessuale appagante con lui. Ma eravamo un disastro completo. Con L. non accadeva nulla, nonostante la mia disponibilità a essere flessibile e adattabile. Quando lo lasciai, lui pensò bene di perseguitarmi per settimane: mi seguiva nelle serate, fotografandomi ogni volta che baciavo qualcuno in discoteca, e inviava tutte le immagini a Be_. Una notte, alle quattro del mattino, mi squillò il cellulare. Il numero non era in rubrica. *"Spam, a quest'ora?"* pensai. Eppure, qualcosa mi spinse a rispondere. Rimasi di stucco quando sentii dall'altra parte la voce profonda di Be_, che, senza neanche un saluto, tuonò: *"Ricevo foto tue in cui limoni, facciamolo smettere questo psicopatico."*

Gli risposi che non avevo alcun motivo per farmi fare delle foto per mandarle a lui. Chiesi il nome dell'utente che inviava i messaggi, ma erano profili falsi, creati ogni volta da zero. Sai, quando la gente non ha niente da fare, eh?

Chiusi la chiamata bruscamente, dicendo a Be_ che erano affari suoi. In parte godevo di quella situazione: in quel momento mi permisi di pensare, con tutta l'eleganza di questo... di quel mondo: *"Vaffanculo, ben ti sta, pezzo di merda."*

Venni poi a scoprire che era stato proprio L. a orchestrare tutto. La menzione speciale di *"Razzo Umano del Male"* va di diritto a lui. Un'amica in di Be_, incontrata per caso in città, non vedeva l'ora di fare un po' di gossip spicciolo e mi raccontò che Be_ era persino andato dalla polizia postale. Le prime volte gli dissero che i profili erano creati da vari internet point. *"Hai capito quel figlio di..."* risposi di getto. Ma un giorno, L. commise l'errore di creare un profilo da casa sua, e la polizia postale non ci mise molto a rintracciare l'indirizzo dall'IP. L'amica di Be_ mi raccontò che lui si appostò sotto casa di L., parlò con lui, gli urlò in faccia e, infine, gli tirò due ceffoni.»

«Ti ha fatto piacere saperlo?» intervenne Levansi.

«No, affatto. Il lupo perde il pelo, ma non il vizio» borbottai con aria infastidita. «L'ha fatto per lui, non per me. E poi, Levansi, dopo quello che mi ha fatto, pensi davvero che fossi felice di sapere che aveva alzato nuovamente le mani su qualcuno? Non mi ha dato neanche soddisfazione il fatto che avesse risolto il mistero delle foto. Dopotutto, disturbavano lui, non me. Amo quando il Karma si mette in mezzo a gamba tesa.»

«In che senso?» chiese Levansi.

«Voglio dire che la ruota del Karma, del destino, di Gesù, di Dio o della Natura, gira sempre. E quando gira, restituisce inesorabilmente ciò che diamo a noi, alle altre persone o al mondo. C'è chi non ci crede, ma secondo me dimentichiamo con estrema facilità le cose brutte che facciamo, mentre ci ricordiamo benissimo di quelle buone, aspettandoci qualcosa in cambio. *"Dopo tutto il bene che ho fatto..."* è la frase che sentivo più spesso. Negli ultimi tre anni ho incontrato tantissima gente che si aspettava riconoscenza o una ricompensa per un favore o una cortesia. E io chiedevo sempre: *perché allora lo fai?*

La riconoscenza non è scontata. Se vuoi fare qualcosa, falla e basta.

E non rompere il cazzo.

Provavo un certo senso di godimento perverso sapendo che Be_ era disturbato da quelle foto e che si fosse preso tutti quei fastidi. Anche quella era una sensazione nuova per me, che non gioivo delle sfortune altrui: la vita mi ha riservato tante prime volte...»

Sorrisi per qualche istante e tornai a guardare il mare, che rifletteva i raggi della luna. Poi continuai con la mia sfilata di Razzi Umani:

«Quest'anno, invece, è stato l'anno del *Ghosting*. Come il calendario cinese ha i suoi animaletti, anche i social hanno i loro segni, chiamiamoli così, con tutte le loro caratteristiche: *Ghosting, Orbiting, Zombieing,* eccetera.

Entrambe le relazioni che ho cercato di intraprendere nell'ultimo anno sono state benedette dal *Ghosting*.

All'inizio dell'anno c'è stato S., conosciuto in una discoteca durante una serata piuttosto noiosa. Abbiamo iniziato a uscire insieme, a frequentarci, a fare delle gite fuori porta, ecc. Ma c'era un piccolo particolare: ero sempre io ad andare a casa sua. Lui, in tre mesi di frequentazione, non venne mai a trovarmi. La sua casa era più grande della mia e anche più bella; quindi, non diedi molto peso alla cosa. Non mi fermai a riflettere sul vero motivo: pigrizia, fobia degli spazi nuovi o chissà quale altra psicosi?

Poi S. si ammalò per quasi due settimane. Notavo che il tono dei suoi messaggi si faceva sempre più freddo, senza un motivo preciso. Andai a trovarlo per portargli un regalo, poi partii per passare le vacanze di Natale con la mia famiglia. I messaggi divennero sempre più radi e, se non scrivevo io, di lui nessuna traccia. Durante la vacanza mi ammalai anch'io e, nei deliri della febbre a 39, non ebbi la forza di scrivere a S. per una settimana. La febbre era aggressiva e debilitante, e mi costrinse all'isolamento per ben 15 giorni. Due settimane in cui il mio mondo era una finestra, un letto, la televisione... e il cibo passato dalla porta.

Dopo sette giorni, ripresi il cellulare. Nessun nuovo messaggio da S.

Arrivò Capodanno, che passai in videochiamata con alcune amiche e amici. A mezzanotte avevo già scolato due bottiglie di vino e divorato mezzo panettone al pistacchio. Erano le 3:30 di notte quando, dopo aver salutato tutti, mi arrivò un messaggio da S. Se avesse aspettato tre minuti avrei pensato mi stesse scrivendo Lucifero. Alle 3.33…comunque, il messaggio diceva:

"Ehi Vì, tanti auguri di buon anno!"

Cazzo, alla buon'ora! Sai qual è stata la mia risposta, Levansi?»

«Quale?» mi rispose prontamente.

«Nulla» Iniziai a ridere. «Sul serio, sarebbe stato troppo banale scrivere: *"Auguri un cazzo, pezzo di merda"*.»

«Perché non gli hai risposto così?»

«Provavo un certo imbarazzo nel dover spiegare a un

uomo di 40 anni, dopo la sua reazione che sarebbe stata di sconcerto e stupore, che la base di qualsiasi relazione, sia amicale che romantica, è la reciprocità. Oppure una sana preoccupazione che scatta nel momento in cui non si sente una persona per giorni...per esempio.

Non ti sembra strano che una persona con cui esci, che di solito si fa sentire, ti porta un regalo di Natale prima di partire, ti cerca e si comporta come un partner, sparisca all'improvviso? Non ti viene neanche un cazzo di dubbio che le possa essere successo qualcosa?

Ignorai quel messaggio e, come immaginavo, lui scomparve come un fantasma... ora capisci perché si chiama *Ghosting*, eh?»

Sorrisi a Levansi e lui mi rispose con un sorriso accennato. Era bellissimo.

«L'ultimo Razzo Umano con cui ho avuto il dispiacere di interagire è stato A., conosciuto sui social. Di solito non permetto a nessuno di abbordarmi in chat per fissare appuntamenti, ma con A. evidentemente feci un'eccezione.

Ci vedemmo e fu un disastro. Colpa mia, colpa mia!

Lui era bellissimo, la serata piacevolissima... ma lo abbandonai di soppiatto perché dovevo vomitare tutta la cena che si era ostinatamente bloccata nel mio stomaco. Mentre vomitavo, pensavo: *35 euro di ristorante buttati nel cesso e in questo caso nel vero senso della parola!*

A. non si perse d'animo e mi invitò al mare il giorno dopo. Accettai, e così ci ritrovammo in macchina in direzione spiaggia, dove passammo una giornata da cartolina, baci romantici inclusi al calar del sole. Era tutto molto bello, una di quelle situazioni da fiaba... quasi mi faceva dimenticare la tragicomica scena del *"prendo, scappo e sbocco"* della sera prima!

Dopo la nostra giornata al mare tornammo a casa sua e facemmo l'amore. Era stata una bellissima esplorazione. Tutto mi faceva sperare in una frequentazione tranquilla, senza psicodrammi o criticità strane, e invece...dopo due settimane il Razzo Umano iniziò la sua ascesa con un messaggio in cui mi scriveva che suo zio materno, di cui mi aveva detto che non gli era mai fregato nulla, era morto e che sarebbe stato con la madre per starle vicino.

Piena comprensione, ovviamente. Gli scrissi di prendersi il suo tempo e che, se lo avesse desiderato, poteva chiamarmi o parlarmi, senza problemi. Io ero lì, a disposizione, nonostante ci frequentassimo solo da un mese. L'intenzione da parte mia era sincera, la mia presenza e il mio ascolto li avrei messi a disposizione senza impegno.»

«Ti chiamò, A.?»

«MPC…manco per il cazzo, in gergo. Ovviamente no.
Passarono tre settimane e, dopo mille dubbi se farmi sentire o meno, gli scrissi un messaggio di buon mattino in cui precisavo che non lo stavo *ghostando*. Stavo rispettando i suoi tempi e i suoi silenzi. Gli ricordai, infine, che se avesse avuto bisogno, io ero a disposizione.

La risposta si fece attendere, comodamente, fino alla fine della giornata.
A. mi scrisse, cito testualmente, che si scusava lui, perché probabilmente stava facendo ghosting. Continuò dicendo che una sera, quando avevamo incontrato degli amici di alcune mie amiche, si era sentito turbato. Quelle persone erano collegate in qualche modo al suo ex compagno. Quindi, morale della favola, tra il *ghosting* e quella sera in cui aveva visto gli amici del suo ex, voleva prendersi del tempo.

Cito ancora: era turbato. Da cosa? Non era dato saperlo.

E non mi pare di aver visto l'Anticristo durante la serata in birreria. Sai cosa gli ho risposto?»

«Ho la sensazione che la risposta non sia stata NULLA, come hai fatto con il primo...» rispose Levansi.

«Gli scrissi un sibillino: *Prenditi il tuo tempo e buona continuazione.'* Scomparso.

Lo so, anche in questo caso avrei potuto scrivere di più. Alcune persone mi dissero che dovevo esplorare il suo senso di disagio o turbamento che aveva provato quella sera, vedendo gli amici dell'ex capitati lì per caso.

Era un caso?

O forse l'universo ce li ha messi lì per far finire in modo rapido e indolore questa relazione che, tanto, forse non sarebbe durata molto?

Ho davvero tanto sonno, Levansi. Com'è possibile?»

«Perché pensi sia impossibile?» mi rispose dolcemente.

«Perché ho già lasciato il mio corpo con tutte le sue necessità fisiche... questa è la seconda notte che vedo, quindi se avessi avuto sonno, avrei schiacciato un pisolino già da tempo.»

Levansi si avvicinò alla mia poltrona. Appoggiò la sua mano sulla mia.

Oddio, che sta facendo? Mi sta toccando la mano? Sto morendo... aspetta... ho già fatto...

La mano di Levansi era grande e avvolgente. Riuscivo a sentire il calore del suo palmo sul dorso della mia mano. Era una sensazione bellissima e rassicurante, come quella che provavo quando mi mettevo a letto con una coperta morbida mentre fuori c'era un diluvio. Una sensazione di essere al caldo e al sicuro da ogni tempesta.

Levansi mi guardava con un'intensità che mi faceva sentire senza difese, come se i muri che avevo costruito con tanto sforzo fossero crollati senza neanche il rumore di un mattone che cade.

«Se vuoi, adesso puoi dormire. Ma prima lascia che ti dica una cosa, Vì,» iniziò con quella voce calma, che sembrava trovare sempre le parole giuste per arrivare al cuore. «Hai affrontato tanto, hai incontrato persone—come le chiami tu—Razzi Umani, e hai saputo ridere di tutto, persino di ciò che ti ha fatto male. La tua ironia è acuta, brillante, e sì, anche un po' volgare, ma non basta.»

Mi immobilizzai, come se ogni parola fosse un colpo diretto. Lui continuò, senza abbassare lo sguardo.

«Non ti concedi il tempo di soffrire davvero, come se la sofferenza fosse un intruso, qualcosa di estraneo a te. Ma, Vì, lasciati attraversare anche da lei. Vivila come vivi la gioia: intensamente, senza sconti. La sofferenza non è tua nemica; è un'emozione che ha un inizio e una fine, come tutte le altre, e merita di essere ascoltata. Se non le dai spazio, resterà un peso, un conto mai chiuso. Ma se le concedi la sua parte, allora sì, potrai capire ancora meglio cos'è la felicità.»

Abbassò la voce, ma le sue parole continuarono a colpirmi.

«La felicità non vive solo di momenti felici, Vì. È golosa. Ha bisogno di nutrirsi anche di tristezza, di paura, di nostalgia. Non vivi veramente fino a che non muori un po'.»

Alzai un sopracciglio, confuso per un attimo. Poi lo capii. Levansi, hai appena citato *Deadpool 2*?

Un sorriso accennato apparve sul suo viso. «Sì. E sai una cosa? Ha più senso di quanto sembri. Pensa alle volte in cui ti hai perso la tua strada, o hanno provato a spezzare chi sei. Quelle sono le volte in cui hai trovato nuove parti di te, quelle che non avresti mai conosciuto se tutto, nella tua vita, fosse rimasto intatto. È lì, in quelle crepe, che passa la luce.»

Mi tremavano le mani, ma cercai di nasconderlo. Le sue parole erano come un vento che spazzava via le ceneri di qualcosa che non avevo ancora avuto il coraggio di lasciarmi alle spalle.

«Tu vuoi essere felice, è evidente. Però, Vì, non confondere la felicità con l'assenza di dolore. La felicità vera si costruisce anche sui giorni più bui. Permettiti di sentire le ferite, di perdere l'equilibrio. È lì che impari davvero. Ed è lì che cresci.»

Feci un respiro profondo, ma non riuscii a trattenere una lacrima. Lui la notò, ma non disse nulla. Si limitò a continuare con la stessa calma.

«Le relazioni, quelle vere, sono come poesie. Ogni strofa è unica. Alcune sono dolci melodie, altre dolorosi addii. Ma tutte, tutte, sono parte di te, volente o nolente. E sai qual è la cosa più importante? Tu hai il diritto di scrivere nuove poesie, di trovare nuove strofe, di cambiare ritmo. Non devi rimanere in una canzone che non ti appartiene più.»

Le sue parole mi raggiunsero come un abbraccio. Mi lasciarono immobile, con un nodo in gola che si scioglieva lentamente, trasformandosi in un fiume di lacrime. Mi girai sul fianco, incapace di rispondere, lasciando che quelle lacrime cadessero liberamente. Mi sentii vulnerabile, ma anche con uno strano senso di leggerezza addosso, come se quella sincerità mi avesse permesso di aprire una porta che avevo tenuto chiusa per troppo tempo.

Levansi mi osservò per un momento, poi si alzò in silenzio. Lo sentii sistemare la coperta sopra di me. «Dormici su, Vì. Non hai bisogno di sapere tutto adesso. A volte basta chiudere gli occhi e accettare di aver vissuto. Anche questo è un inizio.»

Mi addormentai piangendo, con un pensiero fugace che mi attraversò la mente: *Forse la felicità è davvero un po' golosa. E forse, un giorno, ne avrò abbastanza per saziare la mia.*

Levansi si avvicinò, mi sfiorò la fronte con un bacio e sussurrò: «Ciao, bellezza.»

I miei occhi si chiusero.

Umidi   di   calde   lacrime.

VITA

Le luci dell'ospedale ondeggiavano nell'aria ovattata, mentre giacevo lì, tra il sonno e la veglia. I monitor scandivano un ritmo tranquillo e regolare, come a ricordarmi:

sei ancora qui, ce l'hai fatta

*Bip, ma dove sono… bip, che cazzo è successo? *

Nel buio leggero della coscienza, i ricordi e le emozioni si rincorrevano come onde impazzite. Poi, una voce profonda e familiare, calda e calma, mi riportò indietro, facendo svanire il torpore.

«Vì,» sussurrò Levansi, «sei di nuovo qui.»

Socchiusi gli occhi e lo vidi, lo stesso sorriso pacato, lo stesso sguardo sereno di sempre. «Certo, Levansi, lo sai che non mi esimo mai dai guai… se avessi saputo di tornare qui, avrei risparmiato il mio sistema nervoso da tutte quelle riflessioni su rimpianti e massimi sistemi» dissi con un sorriso un po' stanco.

Lui non rispose subito, ma il suo sguardo sembrava attraversare ogni mia battuta, come se non avessi parlato affatto. «Lo so,» disse alla fine, con la calma di chi sa aspettare, «ormai pensi che l'amore non sia fatto per te. Dopo tutto quello che hai vissuto, hai trovato più delusioni che gioie, e credi di poter fare a meno di tutto questo. Ma, Vì, l'amore è un rischio che non si può evitare.»

Sorrisi, ma più per difesa che per altro. «Diciamo che, tra Razzi Umani e altri pianeti da scoprire, preferisco stare al sicuro, almeno per un po'.»

Levansi continuava a fissarmi con quell'intensità calma che rendeva inutili le mie battute. «Non si tratta di sicurezza, Vì. Si tratta di vita. Ogni volta che hai sofferto, hai cercato di chiudere le porte, di proteggerti, ma nel farlo hai finito per affrontare solo il vuoto. E sai una cosa? Basta. Lascia che la vita ti prenda alla sprovvista, che ti travolga con l'inaspettato. Non smettere di amare solo perché qualcuno non ha saputo farlo. La tua capacità di amare è una forza, non una debolezza. È il modo in cui ti riempi, non in cui ti svuoti.»

Feci una smorfia, come a dire che ne avevo già passate abbastanza. «Forse il problema è che certi colpi non fanno altro che insegnarti a non fidarti. E io sono decisamente la persona della classe con i voti più alti in materia!»

Levansi scosse la testa, un sorriso appena accennato. «La fiducia non si costruisce su chi incontri, ma su come scegli di vivere. Fidarsi non significa non avere paura, ma sapere che vale la pena tentare. Pensa a tutta la strada che hai fatto per scoprire chi sei, per vivere la tua identità senza compromessi. Nessuno potrà mai portarti via questo, perché è un percorso che hai costruito da te, pezzo dopo pezzo. Ma, Vì, c'è ancora un viaggio da fare: trovare il tuo modo di amare.»

Restai in silenzio. Sapevo che aveva ragione, ma le parole mi rimanevano in gola, sospese come se non avessero ancora un posto. Levansi si avvicinò, il suo sguardo era pieno di comprensione e di quella pazienza che solo lui sapeva avere. «Amare non significa rinunciare a te o piegarsi a ciò che gli altri pensano. Significa dare spazio a chi è al tuo fianco, anche se ogni tanto scoccia. Devi lasciare entrare qualcuno non per riempire un vuoto, ma per condividere chi sei. Sai cos'è la vera fiducia? È sapere che ti sbilancerai.»

Inspirai, sentendo un nodo alla gola, un misto di nostalgia, speranza e paura. «Quindi mi stai dicendo di amare nonostante tutto? Come se una parte di me fosse pronta a tutto questo?»

Levansi annuì, con quel sorriso calmo. «Non smettere mai di darti delle possibilità. Lasciati sorprendere. Come hai trovato il tuo modo di vivere e di essere, troverai anche il tuo modo di amare. Nessuno ti chiede di essere cosa non sei, Vì, solo di non perdere quella scintilla che hai dentro, che non può essere racchiusa in un unico modo di amare o di esistere.»

Prese una pausa.

«E non dimenticare, Vì,» aggiunse con voce più tenera, «che anche l'amore, come te, non ha una forma fissa. Può essere mille cose, non c'è una regola che tu debba seguire. Lascialo fluire come sai fare tu. Lascialo adattarsi, lasciati stupire.»

Levansi mi baciò sulla fronte, in un gesto pieno di affetto. «Rimani chi sei, e continua a lasciare spazio a chi verrà. L'amore è come il cielo: non finisce mai di sorprenderti, anche quando pensi di aver visto tutte le sue stelle.»

La porta della stanza si spalancò, e una processione di volti familiari si riversò nella stanza, occhi pieni di sollievo, lacrime e sorrisi. Nessuno sembrava notare Levansi mentre si dissolveva silenzioso come un soffio. Ma a me non importava, perché sapevo che era ancora lì, nelle parole che mi aveva lasciato e nel ricordo di ogni sorriso che mi aveva regalato.

Li guardai arrivare e, mentre sorridevo tra le lacrime, nella mente mi parve di vedere una vera e propria processione dei Re Magi, pronti a portarmi oro, incenso e birra…sì, avevo ancora voglia di una birra.

Alla spina.

Chiara.

Media.

Come quelle che prendo al POP di Milano, in Via Tadino.